SUPER UE FELTRINELLI

SUPER UE

Ivana Castoldi

FIGLI PER SEMPRE

FELTRINELLI

Prima edizione nell'"Universale Economica" – SUPER UE
maggio 2005

ISBN 88-07-84057-X

A mio marito,
che ha condiviso con me
il privilegio di essere genitore.

Prefazione

Dario, sessantadue anni, sposato con figli, arriva in terapia con una strana, ma solo apparentemente strana, richiesta: "Dottoressa, mi aiuti a dialogare con mio padre... non ci sono mai riuscito". Il padre, novantenne, era morto sei mesi prima.

Dario non sapeva darsi pace. Era caduto in uno stato di profonda depressione e si tormentava al pensiero di aver ormai definitivamente perso l'occasione per dire a suo padre quello che da più di quarant'anni gli pesava sul cuore.

È possibile tacere a un genitore, per così lungo tempo, pensieri e timori, sentimenti e risentimenti personali, pur desiderando aprirgli il cuore e farlo partecipe del nostro mondo interiore? Quali paure, quali rancori, quale pudore ci trattengono, a mano a mano che cresciamo in età e in consapevolezza, dal mostrare ai nostri genitori le tracce e i postumi della nostra esperienza di figli? A volte, questi esiti somigliano a profondi solchi incisi nella carne come ferite che faticano a rimarginarsi; altre volte, all'impronta di una carezza che ci fa palpitare il cuore di amore e riconoscenza. Non è solo il dolore a far morire le parole sulle labbra, a farci chiudere nell'isolamento; spesso, a inibirci è la nostra incapacità a parlare d'amore e di gratitudine.

Con i genitori rimane sempre qualche conto in sospeso: molti segreti non si sveleranno mai; alcuni nodi non si scioglieranno mai e ci peseranno sul cuore per tutta la vita. In effetti, anche se diventando adulti prenderemo fisicamente o simbolicamente congedo dai nostri genitori per conquistare la nostra autonomia, rimarremo dei figli per tutta la vita. Anche quando resteremo orfani; anche quando, a nostra volta, diventeremo genitori.

Questo legame viscerale tra genitori e figli è l'unico davvero inscindibile, nonostante tentiamo spesso di negarlo, di reciderlo, di dimenticarlo. Nella nostra esperienza di adulti non c'è "amore eterno" che tenga, al confronto. Il nostro destino di figli è la nostra fortuna e, insieme, la nostra condanna: una fortuna, se avremo potuto godere del calore affettivo e della comprensione dei nostri genitori; una condanna, se il loro atteggiamento insensibile e intransigente ci avrà tarpato le ali.

Alcuni momenti particolarmente significativi (momenti di passaggio e di cambiamento per i figli come l'ingresso nei diversi ordini scolastici, l'inizio dell'attività lavorativa, il trasferimento in una casa propria, il matrimonio...) dovrebbero rappresentare altrettante occasioni di rafforzamento del dialogo con i genitori, anziché di conflitto e di incomprensione. È soprattutto l'abbandono della casa paterna, che andrebbe ritualizzato come un traguardo propizio di autonomia acquisita e di definitivo ingresso nel mondo adulto, a trasformarsi spesso in un evento carico di tensioni e diatribe.

Quando ci chiudiamo la porta della casa paterna alle spalle per andare incontro al nostro destino di individui emancipati e responsabili, dovremmo poterci avviare con passo leggero, liberi dal peso dei sensi di colpa e delle recriminazioni. Dovremmo potercene andare non per reazione, esasperati dal deludente corso del rapporto con i nostri genitori, ma per un naturale bisogno di espansione e di potenziamento delle nostre risorse.

Quanti figli come Dario rimpiangono di non aver avuto un dialogo costruttivo con i loro genitori? Quanti sono diventati degli adulti insicuri, profondamente segnati dalla sfiducia, persuasi del loro scarso valore e incapaci di mettere a frutto le loro doti personali?

Altri invece, più fortunati, sostenuti dalla guida sollecita e dall'incoraggiamento di genitori più competenti nel loro ruolo educativo e affettivo, sono riusciti a conseguire una buona consapevolezza delle loro aspirazioni e dei mezzi per realizzarle. Anche questi figli, tuttavia, al momento di lasciare la famiglia, possono sentire il bisogno di ripristinare un dialogo che il pudore dei sentimenti, e delle parole, ha spesso penalizzato. Non c'è solo il silenzio delle ostilità, ma anche quello dell'inibizione, che deriva da un carente apprendimento del linguaggio analogico dell'affettività: quello dei sentimenti e degli slanci del cuore. La comunicazione genitori-figli ha sempre sofferto di un'afasia che riguarda non tanto la parola, quanto le emozioni che l'accompagnano.

Pertanto, i figli in procinto di separarsi dalla famiglia d'origine avvertono quasi sempre l'esigenza di effettuare un bilancio del loro rapporto con i genitori, facendo una verifica della loro esperienza di figli.

Tutti gli individui fanno il loro ingresso nell'età adulta con un variegato bagaglio di fallimenti e conquiste, di delusioni e speranze, che segnerà inevitabilmente la loro vita futura. Non sempre si ritrovano debitamente equipaggiati per farsene carico in maniera vantaggiosa. Sono ancora troppo invischiati in nodi da sciogliere, in danni da riparare, in dilemmi da chiarire.

Rancori e dubbi a lungo covati, domande e bisogni inevasi alimentano legami di dipendenza difficili da risolvere. Per farlo, occorrerebbe finalmente poter stabilire un dialogo aperto, che non tema la crudeltà delle parole e l'inclemenza dei giudizi. Occorrerebbe accettare, in alcuni casi, il rischio di perdersi di vista, almeno temporaneamente, recidendo un vincolo che, in realtà, di affettivo ha conservato ben poco. È possibile ritrovarsi, comunque, magari a distanza di tempo, dopo che il dolore del distacco e la dissolvenza della memoria hanno affinato la nostra comprensione degli eventi, hanno smorzato i risentimenti e risvegliato gli affetti. Molte storie di genitori e figli lo testimoniano.

Partendo da queste considerazioni ho voluto raccogliere, attraverso le interviste fatte nel corso di sedute psicoterapiche o di semplici colloqui, le parole di alcuni giovani adulti, che ho riportato nella forma di confessioni-rivelazioni ai genitori. Il materiale è autentico: io l'ho semplicemente ordinato e rielaborato, dandogli una veste un po' più "letteraria". Ne deriva un'uniformità di stile di scrittura e di espressione che rende irriconoscibili le "voci" dei singoli personaggi, i quali hanno diritto a un rigoroso anonimato.

Credo possa essere utile anche per gli adulti, attraverso le testimonianze proposte, accostarsi all'esperienza di alcuni figli che, malgrado o grazie ai loro genitori, hanno raggiunto una buona consapevolezza di sé e hanno già intravisto la possibile soluzione dei loro problemi. Spero che qualche eco possa valicare i confini dei singoli casi per focalizzare l'attenzione del lettore sulle difficoltà dalle quali nessun rapporto tra genitori e figli è esente. Mi auguro che lo sforzo di raccontarsi e le esperienze di vita dei protagonisti delle diverse storie possano servire da incoraggiamento per altri figli cresciuti, i quali, già con la mano sulla maniglia della porta di casa nell'atto di andarsene, ancora tentennano timorosi, chiedendosi se valga la pena cercare un chiarimento con i genitori per le molte questioni rimaste irrisolte. Questi figli rischiano di lasciarsi alle spalle una voragine di silenzio che non verrà mai più colmata. Il rimpianto può far male più del dolore procurato da un conflitto aperto.

Il tema di fondo del libro è quello della conquista dell'autonomia, che ho già trattato al femminile e al maschile in precedenti pubblicazioni. Questa volta è riferito ai giovani che, in maniera molto spesso conflittuale, si trovano a vivere la delicata fase dello svincolo dalla famiglia d'origine.

Il superamento della dipendenza dai genitori si configura, in ogni caso, come un processo impegnativo e sofferto, anche se non necessariamente traumatico. In effetti, il rapporto con i genitori non si rivela sempre fallimentare. In diversi casi (ma dovrebbe valere per tutti), rappresenta un fondamento prezioso e determinante agli effetti della maturazione e dell'equilibrio psicologico degli individui. Anche dei successi vale la pena parlare, perché il dialogo tra genitori e figli non si riduca sempre e soltanto a un doloroso e sterile elenco di accuse e recriminazioni.

GENITORI, CATTIVI MAESTRI

"I figli cominciano con l'amare i genitori; crescendo li giudicano e qualche volta li perdonano."

Oscar Wilde, *Il ritratto di Dorian Gray*

I figli cominciano con l'amare i genitori...

Ogni volta che mi trovo a dirimere questioni tra genitori e figli fatico a mantenere quella neutralità che è uno dei capisaldi della formazione di ogni terapeuta familiare. L'istinto mi porta inevitabilmente a sbilanciarmi dalla parte dei figli: la disparità intrinseca al rapporto genitori-figli vanifica le condizioni per potersi mantenere equidistanti tra le parti. Fino alla soglia dell'età adulta, è troppo accentuata la sproporzione di responsabilità, consapevolezza e potere decisionale tra genitori e figli per invocare un livellamento che consenta di annullare la barriera generazionale.

Ho visto troppi figli angosciati o infuriati, dei quali non venivano rispettate le esigenze, non venivano recepiti l'inquietudine e lo sconforto. Si attendevano dagli adulti un riconoscimento dei loro bisogni e delle loro legittime aspirazioni, un incoraggiamento nei momenti di difficoltà e di insicurezza, la comprensione per i loro inevitabili errori. Hanno, invece, troppo spesso patito il rifiuto pregiudiziale delle loro idee, l'intransigente condanna delle loro scelte e una sconsolante aridità affettiva.

In questi casi l'esperienza relazionale dei figli è segnata da tormentosi vissuti di frustrazione, rancore e tradimento, difficili da rielaborare e rimarginare. Anche i genitori, peraltro, si sentono delusi e frodati dai figli stessi, nei quali avevano riposto tante speranze e ingiustificate aspettative di risarcimento e compensazione per i loro personali fallimenti e le afflizioni di cui è prodiga l'esistenza umana.

E la vita familiare si trasforma in un ring, o in un campo di battaglia, dal quale tutti escono sconfitti, segnati dall'asprezza dello scontro e frustrati dall'incapacità di dare e ricevere amore.

Eppure è indubbio: i figli cominciano con l'amare i genitori e non cessano di amarli neppure quando i sentimenti si tingono di rabbia, di acredine o di rancorosa rassegnazione. L'amore può camuffarsi dietro infiniti travestimenti, persino dietro l'odio: sempre di coinvolgimento profondo si tratta. Una marcata avversione personale deriva, assai spesso, da un grande amore tradito e da conseguenti aspettative disattese.

Già nel corso dell'infanzia, i figli iniziano a mettere a dura prova l'autorità dei genitori, contrastando i loro tentativi di imporre regole e divieti, e di farli rispettare. Non è infrequente che gli adulti si lascino esautorare da figli oppositivi e ribelli, perdendo credibilità e autorevolezza. Questa condotta sovversiva non riguarda solo gli adolescenti, che spesso arrivano a fare della trasgressione un'arte, ma anche molti bambini. È dunque malcostume piuttosto diffuso (e la casistica tende a un incremento apprezzabile...) che i figli, sin dalla più tenera età, tengano in pugno i genitori, tiranneggiandoli spietatamente.

In questi casi, assistiamo a un capovolgimento della gerarchia e dei ruoli familiari che produce esiti infausti: genitori arrendevoli e timorosi che lasciano ai figli, peraltro disorientati e spaventati dalla loro stessa impulsività, la gestione di un potere ingiustificato. Oppure, anziché invertirsi, le gerarchie e le barriere generazionali si annullano, determinando ruoli indifferenziati e relazioni simmetriche, che alimentano laceranti contrasti fra genitori e figli: un vero e proprio conflitto di potere che scatena l'aggressività e l'intransigenza dei contendenti. I genitori non dovrebbero accettare di mettersi a contendere sullo stesso piano, alla pari con i propri figli. Non dovrebbero rassegnarsi all'impotenza e alla destituzione dal ruolo preminente di "legislatore" e di guida.

Il braccio di ferro che può instaurarsi nel corso dell'infanzia ha, comunque, una valenza di intensità e pericolosità difficilmente comparabile, per la veemenza dei contenuti e l'asprezza dei toni, con lo stato di guerra quasi permanente tipico dell'adolescenza.

In effetti, con il trascorrere del tempo, i genitori non solo perdono, agli occhi dei figli, autorevolezza e potere, ammesso che ne abbiano mai goduto negli anni dell'infanzia, ma sembrano diventare "tutti sbagliati". I loro difetti assumono un'evidenza straordinaria, enfatizzata dall'intolleranza acerba e partigiana dei figli stessi.

D'altronde, il processo di individuazione e separazione che caratterizza l'adolescenza e promuove l'emancipazione individuale fallirebbe se i genitori continuassero ad apparire in una luce solo positiva. La contesa, il confronto e lo scontro sono indispensabili per conoscersi, per misurare le proprie forze, per costruire la propria identità personale.

Dunque, i genitori non devono avere paura a contrapporsi: a fissare limiti, a imporre veti e a stabilire sanzioni, quando occorra. Non devono temere le contestazioni e le critiche dei figli: sono fisiologiche e funzionali a un esito equilibrato della maturazione psicologica degli adolescenti. Devono, comunque, saperle gestire, non rinunciando mai al tentativo di trovare un canale di comunicazione efficace, allo scopo di riuscire a trasmettere il significato e il valore dei loro interventi educativi.

Spesso i genitori percepiscono la discordanza della realtà adolescenziale (di pensiero, di comportamento, di linguaggio...) dai modelli della vita adulta come un intollerabile rifiuto personale, quasi un affronto. È pur vero che la provocazione nei confronti degli adulti e l'intolleranza verso il loro mondo giocano un ruolo importante nell'atteggiamento reattivo dei figli. Ma il *gap* generazionale, e l'incomprensione che ne deriva, nascono anche da bisogni differenti che caratterizzano le varie fasi della vita, da differenti punti di vista e criteri di valutazione della realtà, che sono necessariamente peculiari delle diverse fasce d'età. Gli adulti non dovrebbero dimenticarlo, per non confondere, come spesso accade, il dissenso e la contrapposizione (ripeto: fisiologici, dal punto di vista evolutivo) con l'ostilità personale.

Una delle diversità più spiccate tra le generazioni riguarda lo stile della comunicazione. Gli adulti prediligono il modulo verbale: affidano alle parole i significati e le intenzioni dei loro messaggi, incorrendo però più spesso nella forma limitante del monologo che nella struttura interattiva del dialogo. E, in molte occasioni, neanche la scelta delle parole è delle più felici. Così come lo sviluppo del discorso, che può risultare poco coerente e poco accessibile alla comprensione di giovani interlocutori, spesso impetuosi e diffidenti.

Al contrario, i ragazzi prediligono, per la loro comunicazione, il modulo analogico: vale a dire il linguaggio del corpo e dei comportamenti. Esprimono, attraverso il look, l'abbigliamento, la gestualità e le abitudini di vita, i loro bisogni contraddittori di originalità e, nello stesso tempo, di omologazione con i coetanei. Da questa sofferta condizione di ambivalenza, nella prima adolescenza, emerge prevalentemente l'attitudine a uniformarsi ai riti delle condotte giovanili: ai comportamenti coatti, alle tendenze stravaganti e alle eccentriche "divise", dettate da mode instabili e bizzarre. Un docile conformismo travestito da creatività ed estro personale.

Questa duplicità è il riflesso evidente del conflitto interiore nel quale si dibattono gli adolescenti. È l'espressione di due orientamenti contrapposti e compresenti, entrambi essenziali in chiave formativa: il bisogno di autonomia e il bisogno di appartenenza. Il primo muove alla ricerca di tratti distintivi e qualificanti della singolarità della persona; il secondo induce a perseguire rassicurazioni e conferme nel contesto protettivo di un gruppo. Gli adolescenti hanno, infatti, l'esigenza di sentirsi unici e speciali, ma anche e contemporaneamente, di sentirsi uguali, di riconoscersi nei coetanei, di condividere esperienze di vita, inseriti in una rete sociale che li accomuna e li "normalizza".

Nei primi anni dell'adolescenza, pur nell'ambivalenza degli impulsi contrastanti, prevale il bisogno di appartenenza rivolto al gruppo, che ha una funzione socializzante e protettiva: consente di sperimentare l'aggregazione e la solidarietà e aiuta a superare quel senso di solitudine e di esclusione derivante dall'insicurezza emotiva tipica dell'età.

Il timore di non essere accettati, di non meritare l'apprezzamento degli altri, tormenta molti adolescenti, che cercano conforto e sicurezza nell'accoglienza e nella compagnia supportante degli amici. Integrati in un gruppo, si sentono più coraggiosi, più capaci di contrapporsi alle richieste normative degli adulti e di battersi per gli ideali in cui credono, o presumono di credere.

Il bisogno di autonomia tende a manifestarsi sempre più intensamente con il progredire degli anni verso la prima giovinezza. Si esprime, comunque, tendenzialmente in senso reattivo, all'indirizzo degli adulti. È agli adulti che gli adolescenti rivolgono, perlopiù polemicamente, le loro richieste di affrancamento da una tutela mal tollerata. Di solito, infatti, la legittimità e l'affermazione dell'autonomia vengono messe in campo per sfuggire a doveri e limitazioni, per aggirare obblighi e divieti.

Spesso, nella mentalità adolescenziale, sembra che l'emancipazione non debba riguardare un ampliamento del senso di responsabilità e l'assunzione di impegni più consistenti di studio o di lavoro. L'autonomia è intesa, più che altro, come la facoltà di fare ciò che si vuole. È intesa, inoltre, come bisogno di individuarsi rispetto all'adulto, non tanto come bisogno di differenziarsi rispetto alla massa dei coetanei. La scoperta e l'affermazione della propria specifica identità individuale sono processi un po' più tardivi. Crescendo, gli adolescenti cominciano a perseguire un progetto di vita più personale, privilegiando, rispetto ai loro coetanei, la ricerca di tratti distintivi piuttosto che omologanti, di criteri di originalità piuttosto che di somiglianza.

L'adolescenza è per eccellenza l'età delle contraddizioni, dei contrasti stridenti, dei mutamenti repentini e destabilizzanti, della confusione e del tormento. Spesso, gli adulti non tengono conto del fatto che si tratta di una stagione della vita molto difficile, non solo per i genitori, ma anche, e direi soprattutto, per i loro figli. I quali vivono in prima persona turbamenti e conflitti laceranti, con un rilevante dispendio di energie psicologiche. Con fatica, cercano di costruire la loro identità, di scoprire le loro inclinazioni, di realizzare i loro progetti di vita, vincendo mille ostacoli, non ultimo quello di una naturale insicurezza e instabilità, tipiche degli anni giovanili. Non è infrequente che i figli si trovino ad affrontare l'impresa abbandonati a se stessi, senza l'appoggio degli adulti, la loro guida e la loro partecipazione affettiva. Anzi, magari contrastati e colpevolizzati.

Un dato francamente preoccupante della mia pratica professionale con gli adolescenti è che sembrano proprio rassegnati ad accettare, come ineluttabili, l'incomprensione e l'estraneità degli adulti dal loro mondo. Se c'è un'esperienza che li accomuna, è quella di non sentirsi capiti da genitori e insegnanti. Ne consegue un senso generalizzato di sfiducia e rinuncia ai fallimentari tentativi di instaurare un dialogo costruttivo. Gli adulti, agli occhi dei ragazzi, appaiono chiusi nelle loro fortezze, arroccati sulle loro posizioni, prigionieri dei loro pregiudizi, strenui difensori di un sistema di valori che percepiscono fortemente minacciato dagli attacchi giovanili.

Si vengono così a creare una condizione di incomunicabilità e una frattura difficilmente sanabile nel tempo. Due mondi paralleli che non riescono a integrarsi, e talvolta neppure a intersecarsi, mantengono uno stato di segregazione tra giovani e adulti che, frequentemente, non prevede quasi nessun tipo di scambio e di confronto.

Nei ragazzi delusi viene meno la volontà e il desiderio di rendersi accessibili alla comprensione degli adulti, i quali, dal canto loro, si sottraggono alla responsabilità di cercare strategie comunicative più efficaci. O facendo i censori insensibili e repressivi, o ostentando un permissivismo che sconfina nell'incuria e nell'indifferenza. Gli adolescenti si consolano della frustrazione rifugiandosi nel gruppo dei coetanei, che parlano il loro stesso linguaggio e li capiscono al volo.

Con queste premesse, si generano culture giovanili alternative, strutture di pensiero e produzione di senso, che sfidano i modelli di vita e i criteri di valutazione degli adulti. I quali propongono sistemi di valori che gli adolescenti percepiscono come estranei alla loro mentalità e al loro sentire: una dissonanza che può indurli al rifiuto della famiglia e della scuola. Li orienta verso la ricerca di rapporti paritari e di partecipazione con i coetanei, per ritrovare una modalità relazionale sintonica e coesiva.

Le compagnie giovanili rappresentano spesso rifugi accoglienti, in alternativa al contesto familiare e scolastico. Le esperienze socializzanti che gli adolescenti vivono in gruppo, attraverso la condivisione di attività, interessi, modelli di comportamento e di pensiero, non rappresentano però soltanto forme di evasione rispetto alla realtà emarginante degli adulti. Il gruppo dei coetanei può svolgere anche un ruolo di supporto e di formazione che integra quello della famiglia o supplisce alla sua mancanza. Può favorire l'evoluzione dell'affettività, il confronto stimolante con soggetti paritari e la ricerca della propria identità originale attraverso esperienze di transizione e di crescita.

In molti casi, si tratta di veri e propri riti di iniziazione alla vita: stadi di passaggio, imprescindibili tappe evolutive, che possono rappresentare anche occasioni di apprendimento. I primi approcci al sesso, la prima sigaretta o il primo spinello; persino alcune sfide giocate pericolosamente sul filo della legalità o della sopravvivenza. La condivisione e la competizione all'interno del gruppo servono a esorcizzare la paura e a infondere coraggio.

Si tratta di esperienze che l'adulto non può certo autorizzare né assecondare. Tuttavia, può sforzarsi di comprendere il significato sotteso a scelte e atteggiamenti giovanili che, seppure discutibili, sono comunque espressione di bisogni profondi legati al processo di costruzione della propria individualità.

Il processo di crescita implica inevitabilmente un travaglio sofferto che comporta anche l'accettazione di un ragionevole margine di rischio. I genitori dovrebbero accettare questo principio, vigilando comunque perché il rischio sia contenuto e possibilmente controllabile. A tal fine, è indispensabile che non si escludano, e non si lascino escludere, dalla vita dei figli; che ne conquistino la fiducia e la confidenza, in modo da poter intervenire, a scopo protettivo, con valide argomentazioni, con ferma condotta e soprattutto con la credibilità che deriva da un atteggiamento costante di comprensione e vicinanza affettiva.

Se gli adulti sapranno svolgere il loro ruolo, l'appartenenza al gruppo dei coetanei perderà quel carattere di alternativa provocatoria e incompatibile con il mondo degli adulti, ma conserverà una essenziale funzione educativa e socializzante che potrà opportunamente integrare il ruolo svolto dalla famiglia.

In effetti, laddove i fenomeni di aggregazione giovanile non favoriscono l'insorgenza di comportamenti antisociali e autolesivi, generano un vantaggioso effetto di "rete di protezione", che attenua la sensazione di precarietà e la paura della solitudine. Consentono, inoltre, di coltivare interessi, di acquisire spazi di conoscenza più ampi, di arricchire la dimensione relazionale, di dare un senso al mondo e alla propria vita, costruendo nuovi sistemi di valori e criteri di valutazione più adeguati alle esigenze giovanili.

Spesso, tuttavia, le esperienze associative dei ragazzi, soprattutto quando siano vissute con intenti essenzialmente provocatori e in pregiudiziale contrapposizione alle proposte educative di genitori e insegnanti, possono condurre al risultato di scollegare nettamente due piani che, dall'adolescenza in poi, rischiano di espandersi solo in orizzontale. La spaccatura fra il mondo degli adulti e l'universo giovanile, parcellizzato in tanti piccoli mondi (compagnie, bande e realtà associative, talvolta in polemico contrasto anche fra loro...), può dilatarsi pericolosamente e accentuare il *gap* generazionale. Questo fenomeno di scissione rischia, allora, di pregiudicare l'inserimento e la progressiva integrazione dei ragazzi nel tessuto sociale più vasto, che comprende necessariamente anche gli adulti.

Eppure, anche in un quadro di compartimenti stagni e camere non comunicanti come quello che abbiamo delineato, volendo c'è spazio per il confronto e lo scambio relazionale. Gli adolescenti hanno comunque bisogno del rapporto con gli adulti e, talvolta, hanno una chiara percezione di questa esigenza. In molti casi, se il dialogo con i genitori è inesistente o si è interrotto, tendono a rivolgersi istintivamente ad altri soggetti adulti (insegnanti, educatori, genitori di amici, più aperti e "illuminati"...), che possono diventare dei riferimenti importanti e proporsi come validi interlocutori.

In effetti, dinanzi ai fili spinati e alle barriere erette dall'incomunicabilità e dall'intolleranza, tante volte ci siamo domandati quali figure sarebbero in grado di mediare tra due realtà che appaiono così distanti, di svolgere un ruolo di traduzione da un linguaggio all'altro, riallacciando con pazienza i contatti tra giovani e adulti, per ristabilire il dialogo. Credo che gli insegnanti, in primo luogo, potrebbero assolvere questo delicato compito vicariante, più che in sostituzione dei genitori, in una funzione a essi complementare. Potrebbero, in tal modo, colmare un vuoto di responsabilità e comunicazione affettiva creato, sia pure non intenzionalmente, dai genitori.

In generale, infatti, bambini e adolescenti diffidano degli esperti, vale a dire professionisti qualificati a trattare i problemi e le difficoltà inerenti allo sviluppo psicoaffettivo degli individui in crescita. Preferiscono, eventualmente, parlare dei loro dubbi e delle loro ansie con figure più familiari, che li affiancano nell'ambito della vita quotidiana. Gli insegnanti, dunque, subito dopo i genitori, dovrebbero essere gli interlocutori ideali. Lasciamo ai professionisti della psiche l'incombenza di affrontare le situazioni di patologia, per la quale non sono più sufficienti neppure gli interventi volenterosi e amorevoli di genitori e insegnanti.

Gli adulti non possono esimersi dalla loro responsabilità educativa dal momento che, pur prescindendo dalle esigenze più strettamente affettive, ascoltare voci diverse, potersi confrontare con esperienze di vita alternative, che alimentano la discussione e stimolano senso critico e capacità di giudizio, è un bisogno naturale dei ragazzi, troppo spesso inibito dall'incomprensione dei genitori. Dunque, il ruolo di interlocutori esterni alla famiglia (quali insegnanti, operatori sociali o istruttori sportivi...) può rivelarsi essenziale, soprattutto laddove sia evidente una latitanza educativa e una difficoltà relazionale da parte dei genitori stessi.

Certamente: è pur sempre un palliativo. I figli, nonostante tendano a negarlo, preferirebbero dipendere dai genitori, in senso materiale e affettivo, piuttosto che rivolgere all'esterno le loro tacite richieste di affetto, guida e rassicurazione. Hanno bisogno di credere i loro genitori degni di fiducia e ammirazione.

Alcuni, i più fortunati, lo credono per tutta l'infanzia. Poi, talvolta in maniera traumatica e repentina, cade lo schermo dell'ingenuità infantile e i genitori appaiono in tutta la loro deludente umanità. I loro difetti e i loro limiti vengono accentuati dall'intransigenza che accompagna il risveglio adolescenziale e comporta una forma di criticismo esasperato.

Spesso i ragazzi si sentono profondamente feriti da questa deprimente scoperta. Si sentono traditi, vittime di un inganno che i genitori vorrebbero perpetuare nel tempo. Quale genitore non amerebbe ottenere dai figli cresciuti lo stesso atteggiamento di considerazione e rispetto di cui può aver goduto negli anni d'oro dell'infanzia? Il rispetto va comunque preteso, ma l'affetto e la stima dei figli non sono più gratuiti: devono essere meritati attraverso uno stile di comportamento equilibrato e coerente.

Essere giudicati dai figli mette in crisi i genitori intransigenti, che celano dietro alla rigidità del loro atteggiamento una profonda insicurezza e non tollerano di doversi mettere in discussione. I genitori più disponibili si sforzano di cogliere l'aspetto ristrutturante delle contestazioni giovanili, funzionali alla revisione critica dei modelli di riferimento e delle convinzioni degli adulti, che, talvolta, non sono che pregiudizi radicati. Se permane un ostinato e scoraggiante rifiuto al confronto e alla discussione da parte dei genitori, anche gli adolescenti tendono a irrigidirsi e a contrapporsi tenacemente. Possono diventare aggressivi e ribelli, refrattari a ogni provvedimento correttivo.

Ma, peggio ancora, possono tramutarsi in giudici inclementi, capaci di emettere condanne senza appello.

Mentre ne parlo, risento l'eco di molte accuse feroci, di aspre sentenze pronunciate da figli che apparivano nella veste di pubblici ministeri spietati, quando erano soltanto cuccioli feriti. Sarebbe bastato un ripensamento da parte dei genitori, un barlume di consapevolezza e di ammissione dei propri torti, un segnale di accoglienza e riconoscimento delle ragioni dei figli, per sbloccare situazioni di conflitto generazionale che parevano ormai sclerotizzate.

Non sempre è così. In diversi casi risulta davvero difficile perdonare i genitori. E non è sufficiente un ravvedimento, magari tardivo, per indurre i figli alla clemenza. Soprattutto quando, a causa dell'intransigenza e della miopia dei genitori, hanno perso occasioni preziose per la loro vita. Penso a rapporti d'amore contrastati, a progetti di studio o di lavoro sfumati per l'opposizione di padri e di madri che hanno utilizzato tutti i mezzi possibili e le strategie più raffinate, non necessariamente la violenza, per piegare la volontà e mortificare l'intraprendenza dei loro figli. I quali avevano avuto il grande torto di volersi sottrarre ai vincoli di un amore genitoriale che tendeva a prevaricare sui loro legittimi tentativi di autonomizzazione, sulla loro libertà di scelta e di pensiero.

Sono certa che molti genitori si sentiranno ingiustamente attaccati. Si indigneranno per il fatto di essere rappresentati come despoti insensibili e crudeli. In realtà, non è così che li vedo. Io non ho dubbi sulla buonafede della maggior parte dei genitori, sulla nobiltà delle loro intenzioni e sull'autenticità dei sentimenti che nutrono nei confronti dei figli. Ho rispetto per l'impegno e i sacrifici profusi nell'intento di allevarli al meglio delle loro possibilità, così come sono convinta che molti genitori non siano consapevoli degli effetti deleteri del loro comportamento.

Tuttavia, ritengo che non sia accettabile, da parte di nessun adulto, una posizione che definirei di rigidità stagnante, in cui non c'è spazio alcuno per i dubbi e le obiezioni riguardo alla propria personale visione del mondo; e in cui non si promuovono confronti con esperienze di vita differenti che inducano a guardare la realtà con occhi diversi. Il confronto con i giovani, in particolare, per quanto immaturi, può rivelarsi molto istruttivo.

Dunque, anche i genitori hanno molto da imparare. È indispensabile credere che questo principio debba valere per tutti, senza eccezioni. Come avrò modo di ribadire, non sono tanto gli errori contingenti dei genitori a creare ostilità permanenti e fratture definitive con i figli. Possono sì generare incomprensioni e contrasti occasionali, transitori, ma senza minare irrimediabilmente il legame di affetto e fiducia che lega i figli ai genitori.

Il danno può risultare, invece, irreparabile quando il disaccordo si innesta sulla presunzione degli adulti di essere totalmente dalla parte della ragione e nel diritto di esercitare un potere cieco, di imporre le loro decisioni calpestando la sensibilità dei ragazzi, il loro temperamento e le loro inclinazioni peculiari.

Il riconoscimento di uno spazio di autonomia individuale non contraddice, comunque, la necessità di stabilire e far osservare norme e principi educativi che devono regolamentare il comportamento dei figli. Insegnare ai giovani a coltivare il rispetto di sé e degli altri, a ottemperare ai propri doveri, incluso quello prezioso della solidarietà, a mediare l'istinto con la ragione, a riconoscere i propri errori, non significa pregiudicare la libertà delle scelte, contrastare la legittimità delle aspirazioni personali e neppure privare i giovani del diritto di sbagliare.

Non mi sogno affatto di sottovalutare la difficoltà dell'impresa educativa alla quale si accingono gli adulti che diventano genitori. Un compito tanto più arduo quando i figli varcano la soglia dell'adolescenza. Sono troppo consapevole, anche come madre, dei dubbi, delle angosce e dei tormenti che scandiscono l'impegno quotidiano dei genitori, i quali, pur incorrendo in errori e omissioni di vario genere, hanno comunque a cuore il benessere e l'equilibrio psicologico dei loro figli. Pertanto, i genitori non devono sentirsi come imputati sotto processo: hanno tutta la mia comprensione.

Tuttavia, li invito a un ripensamento critico circa le

loro modalità di relazione con i figli, per aprirsi alle mille opportunità che consentono di instaurare un dialogo costruttivo. Un dialogo che non passa certo attraverso un profluvio di parole, discussioni serrate e formulazioni di concetti astratti, ma attraverso gesti concreti di attenzione, incoraggiamento e vicinanza affettiva.

Le sollecitazioni rivolte ai genitori derivano dalle riflessioni che sono frutto dei miei incontri, professionali e non, con numerosi soggetti in età evolutiva, dai quali ho imparato che i nostri pregiudizi di adulti ci allontanano facilmente dalla comprensione della loro realtà. Aspetti considerevoli di questa realtà sfuggono alla nostra osservazione, che soffre abitualmente di una tendenza a ignorare tutto ciò che non vorremmo vedere, per un istintivo bisogno di difenderci da eventuali responsabilità.

I bambini e gli adolescenti in cui mi imbatto sono, per la maggior parte, sostanzialmente infelici. Anche se gli adulti sono convinti sostenitori di quel luogo comune radicato e diffuso che li vuole spensierati e privilegiati. Perché hanno una vita troppo facile, perché rifiutano il dovere e la fatica, perché non conoscono sacrifici e privazioni. Come se si fossero educati da soli... peraltro.

La depressione di bambini e adolescenti non presenta necessariamente i connotati di quella degli adulti. Anzi, si esprime spesso attraverso l'irrequietezza e l'aggressività, piuttosto che attraverso la mestizia e la prostrazione. Persino bambini ipercinetici, agitati e incontenibili possono essere soggetti depressi. La depressione, il malessere più diffuso dei giorni nostri, ha certamente contagiato anche loro.

Nei luoghi comuni che popolano l'apparato concettuale degli adulti, si favoleggia di un'adolescenza, e più ancora di un'infanzia, come stagioni della vita in cui la spensieratezza è d'obbligo: un'esistenza senza oneri e preoccupazioni. È il caso di dire che gli individui, una volta cresciuti, hanno proprio la memoria corta. Moltissimi adulti hanno rimosso la sofferenza e i tormenti degli anni della crescita: le fobie, le insicurezze e quell'intollerabile stato di tensione che li attanagliava, come fossero sospesi sull'orlo di un baratro.

Quando bambini e adolescenti percepiscono questa sensazione di pericolo, indefinibile e minacciosa, tendono, molto spesso, a reagire con l'agitazione e l'aggressività. Hanno bisogno di attivarsi, anche se in maniera incoerente e strategicamente inefficace, per contrastare il malessere e la paura. Altri, non meno numerosi, soccombono al senso di impotenza e si chiudono a riccio, imbrigliati nello scoramento e nella tristezza.

Dunque, la depressione giovanile ha molte facce. Bisogna saperla riconoscere, anche quando si mimetizza dietro stati emotivi e comportamenti piuttosto lontani dall'esperienza degli adulti, per poter bloccare tempestivamente un insidioso processo di cronicizzazione. Tanti disturbi e patologie degli anni della maturità provengono, infatti, da molto lontano.

Qualche volta li perdonano...

Corre l'obbligo, comunque, ai fini di un esame di realtà attendibile ed equilibrato, di guardare anche al bicchiere mezzo pieno. Non esistono solo giovani depressi e disturbati. Esistono fortunatamente anche figli che, una volta cresciuti, si ritrovano con un bilancio esistenziale in attivo; che hanno acquisito un'apprezzabile solidità psicologica e un buon livello di autonomia; che si sentono, se non felici (ammesso che la felicità sia una meta realistica...), almeno ragionevolmente soddisfatti della loro condizione. Sono figli che hanno avuto in sorte genitori mentalmente aperti e affettivamente partecipi, capaci, seppure imperfetti, di porsi come riferimenti stabili e rassicuranti. Dunque, hanno potuto "perdonarli".

In effetti, non conosco genitori esenti da critiche; conosco genitori che sono stati "giudicati" e "perdonati", al termine di un lungo e laborioso percorso di tentativi ed errori, recuperi e successi. È il bilancio complessivo che conta, non tanto gli eventi isolati e le singole iniziative. E soprattutto, conta la disponibilità di fondo alla ricerca continua del dialogo e della partecipazione affettiva alla vita dei figli.

L'avvenuta "riconciliazione" con i genitori si percepisce da segnali di vario genere. Si intuisce, intanto, da come alcuni figli parlano dei loro genitori: con un misto di tenerezza e affettuosa ironia. Occorre che diventino adulti perché possano affrontare esplicitamente, senza la schermatura di facezie e umorismo, il tema della stima e della riconoscenza.

Talvolta, sentendo gli adolescenti parlare dei loro genitori con questo tono canzonatorio di amorevole indulgenza, ho l'impressione di assistere a una rappresentazione a ruoli invertiti: i ragazzi mettono in scena una pantomima in cui assegnano all'adulto la parte del personaggio ingenuo e sprovveduto, da proteggere contro la sua stessa imperizia. In realtà, non sono questi i genitori sprovveduti. Perciò, ogni tanto, si può anche giocare con i figli, lasciandoci prendere bonariamente un po' in giro. I figli che hanno gravi motivi di risentimento nei confronti dei genitori ne parlano in ben altro tono.

Del resto, è bene diffidare dei genitori che sembrano non necessitare dell'indulgenza dei figli: quelli che sembrano immuni da critiche e vengono presentati dai figli stessi in una luce positiva senza ombre, mondati da torti e difetti. Quasi sempre, questa visione troppo edulcorata delle figure genitoriali maschera un bisogno di negare l'evidenza, a partire da motivazioni diverse e perlopiù inconsapevoli.

In effetti, questa tendenza all'autosuggestione, che invalida l'esame di realtà e induce a un giudizio eccessivamente benevolo, potrebbe significare che i figli temono i genitori (la loro aggressività, il loro rifiuto e la loro disapprovazione) e non intendono entrare in un conflitto dichiarato, per paura di deluderli o di perderli. Oppure, preferiscono non cogliere i segnali della loro inadeguatezza; preferiscono continuare a coltivarne un'immagine idealizzata. Sono i casi in cui l'istinto di protezione dei figli li mobilita alla salvaguardia dei genitori, percepiti come figure fragili e deficitarie, rispetto a eventuali attacchi e critiche esterni.

Me ne accorgo nel corso dei primi colloqui con alcuni minorenni, quando ai miei prudenti approcci investigativi oppongono una preoccupata circospezione, sforzandosi di convincermi circa la positività del quadro presentato. Solo acquistando gradualmente coraggio e confidenza durante i colloqui successivi, cominciano a tradire le loro ansie profonde e a vincere le loro strenue resistenze, rivelando tutta la problematicità del caso.

Per ottenere la loro collaborazione, occorre, comunque, rassicurarli infinite volte circa le finalità del lavoro di "investigazione", indispensabile per ricostruire, il più fedelmente possibile, il quadro familiare. Non si tratta di mettere i genitori sotto processo, ma, salvando la bontà delle loro intenzioni, di vederli in una luce realistica, con le loro qualità e le loro inevitabili mancanze.

Risulta, dunque, certamente più tranquillizzante e credibile un atteggiamento di sana contestazione da parte dei figli, che non esclude la possibilità di tendere all'armonia e alla comprensione nel rapporto con i genitori.

A volte, a testimoniare la validità di questo rapporto è la ricerca di condivisione da parte dei figli nelle circostanze significative della vita: soprattutto nei momenti di esultanza, di appagamento, di successo. Il desiderio di rendere partecipi i genitori, non solo degli eventi, ma anche dell'esperienza emotiva che li accompagna, non assume, in questo caso, il carattere di una dipendenza, che sottende un'incapacità di gestione della propria vita e, dunque, un'eventuale richiesta d'aiuto. Si tratta, piuttosto, dell'espressione spontanea di una confidenza alimentata nel tempo; del riconoscimento del valore affettivo che permea il legame con i genitori.

Penso al piacere che alcuni figli provano nel condividere con loro momenti della propria vita, esperienze pregnanti di significato. Come avviene quando, partiti alla conquista dell'emancipazione, si ritrovano carichi di entusiasmo e di progetti per il futuro, desiderosi di espandere il loro spazio vitale e di alleggerire, magari attraverso la parola, il carico emotivo che sempre accompagna questo processo. Dunque, hanno bisogno di comunicare a qualcuno i loro pensieri e le loro sensazioni; hanno bisogno di raccontarsi.

Se si rivolgono spontaneamente ai genitori, significa che li sentono partecipi e solidali. Significa che li considerano interlocutori validi, con i quali possono instaurare una relazione più adulta, che prescinde dalla funzione di tutela e di supporto specifica del ruolo genitoriale negli anni dell'infanzia e dell'adolescenza. Se i figli comunicano le loro gioie e i loro entusiasmi ai genitori per il puro piacere di condividere, viene meno quell'aspetto di strumentalizzazione che spesso intacca la qualità delle relazioni umane e, inevitabilmente, anche i rapporti familiari.

Moltissimi genitori si lamentano di sentirsi sfruttati dai figli. Percepiscono il loro ruolo mortificato, ridotto a pura e semplice elargizione di denaro e benefici materiali, a riparazione di guai procurati dai figli, al soddisfacimento delle loro richieste. Si sentono circuiti dai figli o interpellati solo in caso di necessità contingenti. "Che cosa ti serve?" domandano questi genitori ormai smaliziati, presagendo il peggio, non appena i figli, solitamente laconici e indifferenti, tentano di avviare un dialogo finalizzato a ottenere i benefici desiderati. Prendendola alla larga, naturalmente, con chiaro intento manipolatorio.

Al contrario, i figli che si rivolgono ai genitori senza mire utilitaristiche, mossi dall'unico "nobile" scopo della condivisione affettiva, testimoniano la buona qualità del rapporto instauratosi nel tempo. Un legame relazionale affrancato dal bisogno è garanzia di attaccamento disinteressato e sentimenti genuini.

Conosco un discreto numero di figli che, pur nella piena autonomia della loro vita di adulti, ormai svincolati dalla famiglia d'origine, continuano ad alimentare spontaneamente occasioni di incontro, scambio e partecipazione con i genitori, pur senza una regolarità insidiosa, che rischierebbe di diventare norma vincolante e sorgente di aspettative illegittime. Può trattarsi di momenti di evasione e di svago, di interessi culturali o sportivi, che una lunga e proficua consuetudine alla condivisione tra genitori e figli ha provveduto a mantenere vivi nel corso degli anni.

Anche da adulti si può continuare a cercare, di tanto in tanto, la compagnia dei genitori, per scambiare opinioni o aggiornarsi reciprocamente, per mettere in comune qualche attività culturale o ricreativa, per godere semplicemente della presenza delle persone care. Purché questa ricerca dei genitori si inserisca nella vita relazionale dei figli come una delle tante opzioni che la arricchiscono affettivamente, purché non diventi un surrogato svantaggioso nell'ambito di un'esperienza di socializzazione carente, in sostituzione di rapporti extrafamiliari scarsamente coltivati.

Dunque, attenzione. Anche i genitori "perdonati", che possono vantare una frequentazione affettuosa con i propri figli, hanno l'obbligo di mantenersi vigili affinché la loro sia una presenza discreta nella vita dei figli stessi, che non interferisca troppo con la loro rete di relazioni e con la pianificazione dei loro impegni e dei loro progetti.

In alcuni casi, il "perdono" dei figli passa attraverso un percorso alquanto tortuoso. Esistono, infatti, rapporti genitori-figli che risultano particolarmente animati, fatti di discontinuità, contrasti, riavvicinamenti, aspri confronti e intense partecipazioni. Assomigliano a certi amori turbolenti in cui ci si prende e ci si lascia, ci si attrae e ci si respinge, a fasi alterne, in un mutevole andamento oscillante. Senza, tuttavia, che venga meno un profondo attaccamento reciproco. Anzi, il legame ne esce rafforzato.

Così talvolta, come per gli innamorati, la relazione tra genitori e figli si nutre di aperte divergenze e scontri diretti, ma anche di calorose conferme e dimostrazioni di affetto sincero. Il tempo che passa, e che stempera gradualmente le asperità e gli attriti dell'adolescenza, conduce infine al rafforzamento della partecipazione e dell'intesa.

Di solito, i figli che in rapporto ai genitori sperimentano uno stile di relazione franco e diretto, persino vivacemente battagliero, sono quelli che apprendono a comunicare con il prossimo in modo più efficace. Una volta divenuti adulti, il loro allenamento alla dimensione del confronto e della reciprocità potrà favorire buone doti di scambio e mediazione nei rapporti interpersonali.

Dunque, anche questi genitori che hanno saputo sostenere con fermezza l'affanno delle battaglie con i figli saranno "perdonati", in virtù del fatto che si sono comportati come avversari leali e perseveranti nell'instancabile tentativo di ricomporre l'armonia perduta nelle numerose occasioni di scontro.

I genitori "perdonati" si riconoscono dal tono di tranquillo compiacimento, senza trionfalismi, con cui parlano dei propri figli ormai cresciuti. Hanno l'aria di essere in pace con se stessi, consapevoli di aver compiuto vantaggiosamente l'impresa a cui si sono sentiti chiamati, non appena, per la prima volta, hanno guardato in faccia il loro bambino. Non soltanto per un asettico senso del dovere, ma per una irresistibile vocazione creativa, che sospinge gli esseri umani a lasciare un'impronta visibile sulla scena del mondo e a fornire il proprio contributo personale al variegato canovaccio della storia collettiva.

Dunque, esistono anche genitori sufficientemente appagati, consapevoli di aver giocato bene la loro partita. Il risultato di questa partita non è mai casuale, anche se la sorte può, talvolta, giocarvi un ruolo non trascurabile. Come quando lutti, malattie, infortuni, dissesti finanziari intervengono a modificare profondamente la struttura e l'assetto relazionale della famiglia. Ma, in condizioni ordinarie, l'esito della partita giocata con i figli dipende dalle qualità dei genitori e dalla bontà del sistema educativo. Veramente in minima parte dal carattere dei figli, come, invece, amano credere gli adulti.

Quando (e se) i figli cresciuti arrivano a perdonare i genitori, allora possiamo desumere che un importante passo è stato compiuto. I giovani sono evidentemente entrati nell'età adulta e in quell'ottica di reciprocità che dovrebbe, appunto, caratterizzare le relazioni adulte. È un'ottica che induce a proiettarsi fuori dai confini ristretti della propria realtà soggettiva e a tenere conto anche dei bisogni e delle difficoltà degli altri individui con cui ci si trova a interagire.

Quando i figli varcano la soglia di questa dimensione relazionale matura, mostrano di aver acquisito la capacità di superare l'egocentrismo e la visione autoreferenziale della realtà che è tipica dell'infanzia e dell'adolescenza. Nel corso dell'età evolutiva, infatti, tutto il mondo è tendenzialmente considerato in funzione del proprio benessere individuale e della gratificazione dei propri bisogni. Le figure significative che popolano la vita quotidiana dei ragazzi vengono, pertanto, percepite alla stregua di pianeti appartenenti a un sistema che ruota intorno al sole della propria persona.

Una volta ribaltata la prospettiva e stabilmente acquisito il principio di realtà, diventa possibile ridimensionare errori, difetti e inefficienze dei genitori, alla luce delle difficoltà e dei vincoli imposti dal contesto familiare e sociale, oltre che dei tratti della personalità di ciascun individuo e delle tracce lasciate dall'inclemenza della vita che non risparmia nessuno. In tal modo, i genitori riacquistano tutto il loro carico di umanità, nel bene e nel male. Diventano più accessibili alla comprensione e all'indulgenza dei figli, che sono finalmente in grado di riconoscere la complessità del ruolo educativo e la rilevanza dei fattori personali e contestuali (carattere, mentalità, esperienza di vita...) nel corso del suo svolgimento.

Spesso i genitori mi domandano che cosa rimane del rapporto con i figli, della sua valenza affettiva, una volta che questi ultimi abbiano conquistato una posizione di matura autonomia. La maggioranza di padri e madri nutre, infatti, il sospetto che recidere il cordone ombelicale implichi necessariamente l'annientamento del legame d'affetto che li unisce ai figli. Vale a dire la morte dei sentimenti, quanto meno da parte dei figli. In realtà, l'amore non si misura con il bisogno. Un vincolo di dipendenza non coincide necessariamente con un legame affettivo.

Figli emancipati non amano di meno i genitori a causa della propria autonomia. Se i sentimenti di affetto si attenuano o si dissolvono nell'indifferenza, significa che il processo evolutivo del rapporto con i genitori a un certo punto si è inceppato; che la qualità della relazione era già compromessa per via di fattori pregressi, presumibilmente di antica origine.

Tuttavia, se è pur vero che, in presenza di relazioni familiari favorevoli, con l'emancipazione dei figli l'intensità dei sentimenti e l'investimento affettivo rimangono immutati, non così le funzioni del ruolo genitoriale. Perché cambiano, evidentemente, i compiti e le prerogative dei genitori di figli adulti.

Innanzitutto, con la piena assunzione di responsabilità da parte dei figli riguardo alla propria vita, viene meno l'azione di tutela e di sostegno materiale che rappresenta una delle priorità del ruolo educativo nel corso dell'età evolutiva.

I genitori dovrebbero, comunque, conservare e potenziare la loro prerogativa di sistema di riferimento per quanto riguarda quei principi etici universali che ciascuno può riconoscere incarnati nel proprio credo esistenziale, filosofico o religioso. Rettitudine e discernimento, fedeltà e tolleranza, coerenza e giustizia sono valori indiscutibili, che non bisogna stancarsi di riaffermare, anche agli occhi dei figli adulti, con la testimonianza delle proprie convinzioni e del proprio comportamento.

Pertanto, i genitori possono essere custodi della "tradizione" in un senso tutt'altro che retrivo. Possono contribuire a rimarcare la validità del sistema di valori trasmesso, senza trascurare, nel contempo, il rispetto dell'autonomia delle opinioni e delle scelte personali.

La continuità attraverso le generazioni e il fluire della loro storia, purché non si traducano in rigido immobilismo e rifiuto del cambiamento, sono fattori che concorrono a fondare le radici degli esseri umani, bisognosi di percepire un'appartenenza a un contesto di riferimento (in senso etico e affettivo) per potersi, poi, distinguere e autonomizzare. Il senso di insicurezza e precarietà che tormenta molti individui, anche adulti, deriva in misura rilevante dall'incapacità di riconoscere paradigmi e valori che non sono stati opportunamente interiorizzati. Dunque, sono mancati buoni maestri.

Nella cultura decadente della nostra società (cultura del giovanilismo e dell'apparenza), gli adulti sembrano aver smarrito la loro funzione di guida e di depositari dei valori e della saggezza. Si affannano a inseguire un'immagine esteriore accattivante, ma sostanzialmente inconsistente: un vuoto simulacro senza età. Possibilmente alla ribalta, per essere socialmente visibili e darsi una parvenza di potere e prestigio.

Non è di questo presenzialismo e di questo adeguamento ai canoni del conformismo di massa che i figli hanno bisogno. Al contrario, hanno bisogno di riferimenti stabili, che prescindano dai modelli convenzionali della nostra cultura deteriore e dalle suggestioni mediatiche; di adulti maturi, che sappiano orientare e sostenere.

Non si tratta, ovviamente, di imporre scelte o di prescrivere comportamenti; si tratta di indicare una linea di condotta, uno stile di relazione, un approccio alla vita. I genitori che riescono nell'impresa avranno figli emotivamente più stabili ed equilibrati, più resistenti alle difficoltà e ai problemi; figli con un passato e un'esperienza familiare che non rinnegheranno, anche quando se ne andranno per la loro strada.

Io credo che, mai come oggi, in uno stato di guerra permanente su tanti fronti, i figli abbiano bisogno di fare pace con i genitori; o di conservarla, se sono così fortunati da possederla. Hanno bisogno di una zona franca, all'interno del complesso scenario conflittuale della vita, in cui possano deporre le armi e rasserenarsi; in cui possano abbassare la guardia, senza timore di attacchi o tradimenti. La famiglia è diventata, invece, oggi più che mai, il luogo del malessere e della contesa, anziché della quiete e dell'accoglienza.

Molte prese di posizione a favore della famiglia, come istituzione fondante della società, per quanto condivisibili sul piano teorico, soffrono di un evidente difetto di realismo. Occorre invece distinguere tra elaborazioni concettuali e dati di osservazione della realtà: enunciare criteri di definizione di un modello di famiglia ideale non equivale, ovviamente, a reificarlo. La famiglia che ci viene descritta e proposta da agenzie mediatiche diverse, magari ideologicamente anche distanti, in concreto non esiste. È, piuttosto, la proiezione di un desiderio. Spesso, è una mistificazione spacciata a scopo ideologico e/o commerciale.

Io credo sia essenziale adoperarci tutti, nella specificità del ruolo sociale che compete a ciascuno, per accorciare le distanze tra realtà e utopia, pur conservando uno sguardo lucido sulla problematicità della situazione attuale. Le famiglie che "funzionano" (e non sto parlando di famiglie perfette!) sono una minoranza piuttosto esigua: dobbiamo prenderne atto. Tuttavia, il fatto che sia possibile realizzare un sistema di relazioni familiari affettivamente caldo e supportante ci deve rincuorare. In fin dei conti, genitori e figli possono arrivare a intendersi e apprezzarsi vicendevolmente.

In ogni caso, la famiglia non rappresenta l'unico contesto formativo per i ragazzi, anche se conserva un ruolo privilegiato all'interno del sistema articolato in cui confluiscono i portati di agenti diversi: scuola, gruppo dei pari, fonti mediatiche. In effetti, gli individui e le famiglie sono comunque inseriti in un tessuto sociale che fornisce suggestioni e stimoli diversificati, e alimenta molteplici opportunità di esperienze formative. Il processo dello sviluppo emotivo-cognitivo dell'individuo in crescita e la sua maturazione psicologica sono fenomeni complessi, che implicano la confluenza e l'integrazione di fattori differenti.

Il quadro, dunque, risulta multiforme e articolato: ci aiuta a capire come sia possibile, per qualche adolescente, sopravvivere adeguatamente alle carenze della famiglia, arrivando a realizzare il proprio progetto di vita e a conquistare una buona integrazione sociale.

Inoltre, c'è famiglia e famiglia. Non necessariamente il modello canonico della famiglia nucleare (padre, madre e figli), sostenuto dalla tradizione, realizza le condizioni favorevoli alla crescita dei ragazzi. Talvolta, per fare famiglia, può bastare anche un solo genitore competente, che sappia stabilire una relazione empatica e supportante con i figli. La separazione dei coniugi, con il conseguente smembramento del sistema familiare, impone a entrambi i genitori (anche al non affidatario) la necessità di ricostituire per i figli un nuovo contesto relazionale che risulti famiglia a tutti gli effetti.

È la qualità dei legami affettivi, la capacità di condividere e partecipare alla vita reciproca che crea i presupposti perché un insieme di individui diventi famiglia. In quest'ottica, il concetto di famiglia si amplia, senza snaturarsi nella sostanza, anche se si allontana dal modello stereotipato della nostra tradizione culturale.

È pur vero, tuttavia, che all'interno di un sistema relazionale definito come famiglia occorre almeno una presenza adulta; vale a dire un riferimento normativo oltre che affettivo, che sappia stabilire regole comportamentali e fornire una griglia di interpretazione della realtà. Talvolta, in un insieme di individui dello stesso livello generazionale (gruppo di fratelli, compagnia di amici...), il ruolo dell'adulto può essere assolto dal membro più maturo e carismatico. Dunque, la definizione di famiglia è più complessa di quanto non appaia a coloro che amano le certezze e le semplificazioni.

All'interno di questa categoria di persone includerei i bambini, che cercano riferimenti chiari e prediligono modelli stereotipati. I bambini, a differenza della maggior parte degli adolescenti, amano la famiglia oleografica tradizionale, che prevede la convivenza con due genitori, ciascuno deputato a un ruolo definito e a funzioni piuttosto specifiche. Generalmente, anche in un clima di contrasti e incomprensioni, pur risentendone, i bambini si ostinano a pretendere l'unità della famiglia. Forse, crescendo, cominceranno a giudicare severamente i genitori e faticheranno a perdonarli, ma durante l'infanzia tende a prevalere il bisogno di idealizzarli, giustificando i loro errori e colmando le loro lacune.

Viceversa, con l'ingresso nell'adolescenza l'orizzonte sociale dei ragazzi si amplia, rendendoli più ricettivi rispetto ad altre realtà e influenze extrafamiliari. Pertanto, si attenuano la centratura sulla famiglia e la convinzione di vivere nel migliore dei mondi possibili. Proprio con la caduta delle illusioni ha inizio la ricerca di nuovi spazi, che favoriscono esperienze relazionali più esaltanti e la produzione di un sistema di valori più vicino alla sensibilità giovanile.

Ed è proprio quando si guarda ai genitori in una luce più realistica che diventa più difficile perdonarli. Non dobbiamo, tuttavia, dimenticare che i figli adolescenti, per quanto critici, intransigenti e ribelli, hanno bisogno, allo stesso modo di quando erano bambini, dell'affetto costante e dell'amorevole comprensione dei genitori.

LA PAROLA AI FIGLI

1.

Adesso che me ne vado

Lo svincolo dalla famiglia

Come descrivere il tumulto di emozioni e sentimenti che accompagna quella tappa evolutiva dell'individuo che viene denominata la fase dello svincolo dalla famiglia?

Molti giovani lasciano la casa dei genitori in una situazione di aperta belligeranza, altri se ne vanno portando con sé il fardello di conflitti interiori non risolti; altri ancora con la felice eredità della loro autonomia personale, conquistata il più delle volte a caro prezzo, padroni della loro vita.

Va precisato che lo svincolo dalla famiglia, ovvero la conquista dell'autonomia personale, non sempre coincide necessariamente con l'atto di lasciare la casa paterna: a volte lo precede, a volte lo segue. L'indipendenza economica è presupposto essenziale all'ingresso nel mondo degli adulti, è condizione necessaria, ma non sufficiente, perché un figlio risulti psicologicamente maturo. Vale a dire pronto per spiccare definitivamente il volo, affrancandosi da uno stato di tutela che, pretendendo di essere rassicurante, in moltissimi casi non fa che inibire la spinta evolutiva. Spesso infatti, i genitori, anche quando l'età dei figli non rappresenta più una valida giustificazione, ne scoraggiano l'assunzione di responsabilità e l'intraprendenza, mettendo in dubbio la loro capacità di giudizio e la legittimità di scelte autonome.

Lavorare e conseguire il fondamentale diritto di potersi mantenere con i propri mezzi e di trasferirsi in una diversa abitazione consente di creare le condizioni per realizzare la propria autonomia anche in termini emotivi. D'altronde, non sempre questi prerequisiti sono immediatamente disponibili, non dipendendo i risultati della ricerca di un lavoro e di una casa solo dalla volontà individuale, ma anche, ovviamente, da diversi fattori di contesto.

Troppe volte, comunque, la mancata realizzazione di conquiste di benessere e autosufficienza materiale funge da pretesto per mantenere una condizione paralizzante di dipendenza emotiva dalla famiglia d'origine. È fondamentale, per potersi separare fisicamente ed emotivamente dai genitori, uno stato di consapevolezza che si raggiunge quando si prende coscienza della propria identità individuale. Fino a che non saranno stabiliti dei confini che delimitino in senso non topologico lo spazio personale, ponendo una distanza emotiva tra sé e i propri genitori, un figlio non potrà considerarsi autonomo, nemmeno se dovesse trasferirsi a centinaia di chilometri di distanza.

Il superamento della dipendenza, in ogni caso, non appena sia concretamente possibile, implica l'allontanamento fisico dalla famiglia. I figli aspirano, o dovrebbero aspirare, ad avere una propria casa, eventualmente un partner con cui condividere la vita e la facoltà di perseguire le proprie legittime aspirazioni. Se ciò non si verifica, qualcosa non ha funzionato. La famiglia ha fatto un prigioniero: l'ha catturato con la potenza dei suoi vincoli, delle sue lusinghe, dei suoi divieti e delle sue prescrizioni, a volte sotterranee. Il sistema di regole che caratterizza l'organizzazione dei sistemi familiari è, infatti, spesso implicito: non sono indispensabili le parole per imporre ai figli il rispetto della volontà dei genitori e insinuare in loro la convinzione che è pericoloso lasciare la nicchia protetta nella quale sono cresciuti.

Si generano così situazioni di contrasto che troppo spesso si traducono in lotta aperta fra genitori e figli. In altri casi, la mancanza di intesa sfocia in un sofferto conflitto interiore dei giovani, che oscillano tra stati d'animo di rabbia e sensi di colpa.

Più raramente, i figli riescono a incamminarsi verso

il loro futuro di adulti, forti dell'incoraggiamento affettuoso e del sostegno partecipe dei loro genitori: genitori, in questo caso, lungimiranti, che hanno saputo coltivare e rispettare l'autonomia dei figli.

Una vasta gamma di emozioni, umori e sentimenti accompagna, dunque, la tappa evolutiva dello svincolo dalla famiglia d'origine, a seconda di come siano stati affrontati i problemi dell'infanzia e dell'adolescenza dei ragazzi e di come si siano strutturati nel tempo i rapporti interpersonali con i genitori. Rabbia, paura, risentimento, nostalgia, rimorso e rimpianto punteggiano l'esperienza del distacco dal contesto familiare, insieme a sensazioni di solitudine, di abbandono. Oppure, in casi fortunati meno frequenti, i giovani se ne vanno portando con sé quel senso di sicurezza e di fiducia nelle proprie risorse che un clima benefico di calore affettivo e di condivisione emotiva con i genitori ha saputo trasmettere loro.

Gli adulti, molto spesso, sono incapaci di cogliere e comprendere il tumulto che si agita nel cuore dei giovani e di interpretare correttamente i loro segnali di richiamo, le loro richieste di aiuto e di partecipazione. Ciò significa che la comunicazione tra genitori e figli si è inceppata, lasciando questi ultimi in balia del tempo che scorre inesorabile, senza garantire una crescita che non sia puramente anagrafica.

Non è facile ristabilire la comunicazione, ma neppure impossibile. È comunque un compito che spetta agli adulti, almeno fintanto che i figli non siano abbastanza cresciuti da diventare consapevoli del proprio disagio e da individuarne i problemi sottostanti. L'insorgenza di tali problemi è sempre prevalentemente legata alle modalità del rapporto con i genitori. È infatti all'interno di questo rapporto – un contesto che dovrebbe essere protettivo e rassicurante – che i bambini apprendono a relazionarsi con il mondo delle persone e degli oggetti.

Solitamente i genitori, a fronte del disagio manifestato da un figlio, oscillano tra un atteggiamento di ansia eccessiva riguardo alla loro personale responsabilità e un atteggiamento difensivo di negazione dei problemi. Viceversa, una posizione più realistica ed equilibrata consentirebbe di individuare precocemente i nodi da sciogliere, perché la comunicazione possa riprendere a fluire in modo efficace.

In ogni caso, i genitori dovrebbero essere disposti ad abbandonare tanti radicati pregiudizi riguardo all'amore e ai suoi requisiti. Come si esprime, come si manifesta, come si trasmette? Quali sono i connotati, le "prove" di un amore sincero? Quali atteggiamenti, risoluzioni e impegni comporta?

La maggioranza degli individui ritiene che l'amore si misuri essenzialmente attraverso il grado di partecipazione alla vita dell'essere amato, fraintendendone però il significato. Partecipazione emotiva non può, infatti, coincidere con una presenza massiccia e invasiva nello spazio vitale dell'altro, sottraendogli opportunità di libera scelta e di libera espressione. Non occorre neppure essere sempre fisicamente presenti per partecipare: si può esserlo anche da lontano. In ogni caso, se amiamo veramente qualcuno, dobbiamo essere capaci di accettare che ci lasci per seguire la sua strada. È d'obbligo, se si tratta di un figlio.

Può sembrare un vero paradosso: amare qualcuno per poi lasciarlo andare, condurlo per mano preparandolo al distacco. Questo è il compito precipuo di ogni educatore (e un genitore lo è per definizione...), che esplica un ruolo formativo di promozione dell'autonomia personale.

Separazione e distacco dalla famiglia non comportano necessariamente ostilità, abbandono e rifiuto. Razionalmente, possiamo arrivare a capirlo e ad accettarlo. Eppure, è una tentazione troppo forte: ogni volta che ci separiamo da qualcuno che amiamo, siamo assaliti da fastidiose sensazioni di perdita, di rinuncia e di esclusione. Il nostro inconscio ha buona memoria: nell'esperienza di ogni distacco rischiamo di rivivere l'istante decisivo in cui ci siamo affacciati al mondo, sentendoci espulsi e impauriti.

Istintivamente, dunque, tendiamo ad aggrapparci alle persone che amiamo, a trattenerle per non sentirci abbandonati. Capita così di perdere di vista il bene altrui, anteponendo le nostre ansie e i nostri desideri, operando interferenze e prevaricazioni. D'altronde, quando si tratta di figli, è persino troppo facile giustificare il bisogno di possesso e di ingerenza, mimetizzandolo con il dovere di accudimento e di protezione. I genitori non dovrebbero, invece, perdere di vista il compito essenziale di prepararli al distacco. Allentando progressivamente le redini del controllo.

Solo se saremo stati opportunamente preparati, quando arriverà il momento di separarci dalle persone che amiamo ci accompagneranno il loro ricordo rassicurante e la certezza di poter continuare ad attingere a quell'intima riserva di affetti che legami profondi, solidi ma non vincolanti, hanno saputo creare. Neppure il distacco e la lontananza potranno intaccare questo patrimonio.

La difficoltà di accettare la separazione da parte di un figlio è quasi sempre il riflesso dell'incapacità dei genitori di lasciarlo andare. La presenza fisica diventa, nell'intento dei genitori, il segno tangibile del legame d'amore e della sua continuità nel tempo.

Quasi sempre è più difficile separarsi per i genitori piuttosto che per i figli. I quali dispongono di risorse più promettenti, rese accessibili dalla loro giovane età: un ventaglio più ricco di prospettive future, un'accresciuta possibilità di investire in altri affetti e interessi che assorbiranno nuove energie.

Al contrario, i genitori, al momento dell'uscita dei figli dalla famiglia, si trovano mediamente in una fase delicata della loro vita e cominciano a percepire il declino. Se non hanno adeguatamente investito nel rapporto con il coniuge, se non hanno realizzato conquiste in ambito professionale o hanno perso la motivazione al lavoro, se non hanno coltivato amicizie e interessi personali, si sentono smarriti e irrimediabilmente orfani dei figli. Le madri, com'è ovvio, corrono maggiormente questo rischio: spesso incapaci di "riciclarsi", di reinventarsi altri ruoli sociali, se non li hanno coltivati per tempo.

Per queste ragioni, le resistenze dei genitori (stiamo parlando di quelli italiani, in particolare...) a lasciar andare i figli, a liberarli dalla loro tutela, sono generalmente sempre molto forti. In troppi casi, come già abbiamo anticipato, la trappola funziona: i figli rimangono invischiati in un sistema familiare fagocitante, caratterizzato da una struttura indifferenziata che non permette ai suoi membri di individuarsi e separarsi. Come vorrebbe una sana logica evolutiva.

Non sempre, tuttavia, le condizioni sfavorevoli del contesto impediscono ai giovani di cambiare il corso scontato della loro vita. Gli esseri umani possono, comunque, contare su un patrimonio personale di risorse che, in alcune circostanze perlopiù dolorose, li dota di coraggio e intraprendenza. Non c'è tentativo di manipolazione che tenga. Non c'è pianto materno né minaccia paterna che sortiscano l'effetto di farli recedere dall'intento di realizzare il loro progetto di vita.

Non tutti gli individui, però, sanno sfruttare al meglio le loro potenzialità: perché hanno scarsa considerazione di sé, perché non arrivano a misurare le loro forze, perché non sono stati allenati ad accettare un ragionevole margine di rischio. Del resto, mediamente, gli adulti non rappresentano un buon modello di identificazione in tal senso: o sono pavidi e rassegnati o irresponsabili e avventati. Manifestano un'evidente difficoltà nel riconoscimento di uno spazio di libertà personale compatibile con una valutazione realistica del rischio, vale a dire: di vincoli e possibilità inerenti alle scelte della vita. Com'è tipico di chi non è allenato a gestire la dimensione dell'autonomia.

La differente capacità individuale di gestione del conflitto con i genitori per la conquista dell'autonomia si riscontra spesso nelle famiglie con più figli. In tale contesto, tuttavia, accanto alle doti peculiari di ciascuno, acquista un'indubbia rilevanza l'ordine di nascita. La terapia della famiglia insegna che, statisticamente, risulta più probabile che i primogeniti o gli ultimogeniti rimangano irretiti nelle maglie del sistema familiare.

I figli di mezzo hanno maggiori opportunità di fuga. Forse per il fatto che le aspettative dei genitori, e i loro conseguenti investimenti emotivi, sia pure per ragioni diverse e spesso fortemente simboliche (per quello che i figli rappresentano agli occhi dei genitori, più che per quello che sono), si indirizzano più fermamente verso il primo o l'ultimo nato. Dunque, figli e figlie di mezzo, che siete frequentemente angustiati dal sospetto di contare meno dei vostri fratelli e sorelle, rallegratevi per lo scampato pericolo...

Nella famiglia di Angelo, i figli erano soltanto due, entrambi maschi, ma le dinamiche familiari, all'epoca dei fatti che intendo raccontare, erano da manuale: madre dominante e manipolatoria, padre latitante e infantile; difficoltà di autonomizzazione per entrambi i figli, risolte, o non risolte (nel caso del fratello), in modo significativamente differente.

Di Angelo riporto qui di seguito una sofferta testimonianza. Dal suo drammatico resoconto emerge con evidenza un quadro di rapporti francamente patologici, da cui non è stato facile svincolarsi, abbandonando la casa paterna. Con la madre, una riconciliazione sostanziale, nel senso di un chiarimento definitivo delle dinamiche relazionali, non ha potuto essere realizzata. Tuttavia, dopo un periodo di rottura completa del rapporto, Angelo è stato in grado di riallacciare i contatti con la madre e di gestirli in modo equilibrato, senza rinunciare alla propria autonomia.

Strano, o forse no, questo destino che si ripete. È una storia che ha un sapore familiare, che abbiamo già vissuto. Eppure, a me sembrava proprio di amarla, Francesca, fino a qualche settimana fa... Poi, all'improvviso, ho capito che non potevo sposarla, anche se la data del matrimonio era già fissata da tempo e gli inviti erano quasi tutti pronti per essere spediti.

A Francesca non sapevo cosa dire. In effetti, non c'era niente da dire, niente che non andasse in lei o nel nostro rapporto. Almeno così mi pareva. Il peggio è stato proprio questo: non avevo ragioni da far valere per il mio rifiuto tardivo. Semplicemente non potevo sposarmi. Quel futuro che tante volte avevamo immaginato insieme, o addirittura sognato, si è offuscato all'improvviso. Mi sono ritrovato una mattina con il vuoto davanti, come se il futuro fos-

se un foglio bianco dal quale erano sparite tutte le parole, tutte le immagini che avevamo collezionato in quattro anni di fidanzamento.

Ho fatto uno sforzo per ricomporre la figura di Francesca nella mia mente, ma i suoi lineamenti mi sfuggivano. Mi sfuggivano i suoi occhi, il profilo del suo volto, i tratti della figura che, fino al giorno precedente, mi sembrava di amare tanto. Ho provato una fitta di angoscia profonda di fronte a quell'immagine sfocata che, lo sentivo, faceva già parte del mio passato.

Non ho perso tempo. Ho chiamato Francesca per chiederle di vederci. Francamente mi sarebbe parso imperdonabile chiudere il nostro rapporto per telefono, anche se l'avrei preferito. Ho sbagliato per tre volte il suo numero telefonico: non riuscivo a ricordarmelo. Hai idea, mamma, di quante volte ho composto quel numero in questi ultimi quattro anni? Ho provato a fare un calcolo approssimativo, ma mi sono perso. Sono certo che tutto questo ha un senso. Non mi ha neanche sfiorato il dubbio che potevo essere impazzito di colpo. Mi sentivo nel pieno delle mie facoltà mentali, anche se angosciato. Non avevo dubbi su quello che dovevo fare.

L'espressione di Francesca, mentre parlavo quando ci siamo incontrati, era più sbigottita che spaventata, ma, più cercava di ottenere da me delle spiegazioni e io mi ostinavo nel rifiutargliele (in effetti, non ne avevo di plausibili...), più il suo stupore si trasformava in ira, un'ira che è esplosa alla fine in una scenata tremenda. Io ho lasciato che si sfogasse: questo almeno glielo dovevo. Quando la sua furia ha ceduto posto al pianto, ho tentato di scusarmi e di rassicurarla: non è colpa tua Francesca, sono io che non me la sento più di impegnarmi... Mi ha cacciato indignata.

Con voi è stato più facile; soprattutto con te, mamma. Sapevo che avresti fatto un po' la vittima, avresti messo in campo le tue preoccupazioni riguardo ai parenti, agli amici, ai genitori di Francesca. Come giustificare il mio rifiuto? Ma, a parte questo, sapevo che sarei stato velocemente perdonato e riassorbito in famiglia, in questa nostra famiglia che è così difficile lasciare.

Sette anni fa, allo stesso modo, è stato riassorbito An-

tonio e non ha più fatto nessun tentativo per andarsene. Anche allora, mamma, non ne hai fatto una tragedia. L'ho trovato strano. Sei anni di fidanzamento con Monica finiti alla vigilia delle nozze per un ripensamento tardivo di mio fratello. Esattamente come è avvenuto per me. Mi sembra difficile credere che sia un caso.

Io ho la sensazione che tu c'entri, mamma; in qualche modo, c'entri. Ho deciso che tenterò di spiegarlo a me stesso, prima che a te. Perché io temo di fare la fine di Antonio che, a trentaquattro anni suonati, vegeta tra le mura di casa nostra. Tu te ne prendi cura: lo tratti come un bambino che fatica a crescere. O forse, semplicemente, sei tu che non vuoi che cresca.

Francesca ti piaceva e tu piacevi a lei. L'avevi ammaliata. Sempre piena di premure, la trattavi con una gentilezza un po' eccessiva, che adesso, ripensandoci, trovo piuttosto affettata. Il tuo cameratismo che la incantava, che ti attirava le sue confidenze, era un po' sospetto. Era tutto, come dire?, troppo sopra le righe. Che fosse per controllarla meglio, mamma? Era un modo per neutralizzarla? Se è così, Francesca è caduta nella trappola.

Dei primi anni di fidanzamento tra Monica e Antonio ho un ricordo un po' annebbiato. Quando Monica è entrata nella nostra famiglia io ero un adolescente alle prese con l'ingresso alla scuola superiore e le partite di pallone, distante anni luce dal mondo di mio fratello, già parcheggiato alla facoltà di Economia e commercio dalla quale non sarebbe mai uscito. Ma degli ultimi due o tre anni del loro fidanzamento ho ricordi più precisi. Mi pare proprio che il tuo stile nel rapporto con Monica non sia stato sostanzialmente diverso da quello che hai utilizzato con Francesca. Anche Monica ti gravitava intorno e tu non la perdevi di vista. Praticamente viveva con noi, in simbiosi con te.

Quella tua complicità di donna che tu proponevi alle ragazze dei tuoi figli le rendeva inoffensive. Tu facevi l'esperta, la mediatrice, tu che eri l'unica a conoscere veramente i tuoi figli, ma eri disposta, nella tua sublime generosità, a dividerli con le loro ragazze, a consigliarle "per il loro bene".

Anche se adesso comincio a mettere insieme i pezzi del

mio sfacelo personale e a trovare molte analogie con quello di mio fratello, non riesco a provare nostalgia per gli anni passati con Francesca. Non mi manca e non la rimpiango. La spiacevole sensazione di colpevolezza della scorsa settimana è già sfumata. In fondo, Francesca è stata più tua che mia: avrebbe dovuto ribellarsi alla tua invadenza e reclamarmi con forza. Che cosa me ne faccio di una donna che accetta passivamente di essere un pallido riflesso di mia madre? Allora... meglio l'originale. Chissà se l'avevi freddamente e razionalmente calcolato questo risultato o se si è trattato di un fortunato istinto che ha centrato il bersaglio... Preferirei la seconda ipotesi: la prima mi fa paura perché mi costringerebbe a odiarti.

Ieri sera ho parlato con Antonio, almeno ho tentato. Lui è confuso, invischiato nella sua depressione e sembra aver perso interesse per ciò che lo circonda e, quel che è peggio, anche per tutto quanto lo riguarda. Mi osservava come se fossi un marziano che parlava una lingua sconosciuta. Non capiva il senso del mio discorso. A lui tutto sembra normale: il tuo comportamento, i nostri rapporti familiari, la vita che conduciamo. Neppure la ripetizione degli eventi e la mia rottura con Francesca riesce a scuoterlo dalla sua indifferenza. Ha cancellato il passato e la memoria: Monica non sembra aver lasciato traccia nella sua vita. Antonio è una larva, mamma; te ne sei accorta? Non ti spaventa questo pensiero?

Nostro padre è il tuo terzo figlio. Docile, sottomesso, incapace di scuotersi di dosso un'inerzia che quarant'anni di vita con te hanno incancrenito, pende dalle tue labbra. Deve essere una sensazione di potere inebriante, anche se piuttosto perversa, quella che forse tu provi nel manovrare le nostre vite. E quale abilità nel farlo per tanti anni senza che noi ce ne accorgessimo... Spero davvero che non sia stato un piano a mente fredda, mamma; spero che tu non sia stata consapevole del danno che ci procuravi. Sarebbe imperdonabile e io sarei costretto a cancellarti dalla mia vita.

Adesso io mi sono miracolosamente risvegliato. Mi sembra proprio di aver dormito un sonno troppo lungo e ho bisogno di cominciare a vivere. Da dove parto? Mi sento come un bambino di venticinque anni che muove i primi pas-

si incerti nel mondo. Devo aggrapparmi a quel poco che ho: il mio lavoro poco stimolante, i due o tre amici che sono rimasti pazientemente al mio fianco, aspettando che crescessi, senza lasciarsi fagocitare da te. Su di te non posso contare, mamma. Per fortuna, non posso più contare. Su mio padre non ho mai contato. Come vedi, il bilancio delle mie risorse è presto fatto.

Oggi Giacomo mi ha proposto di andare a vivere con lui, nel bilocale che ha preso in affitto due anni fa, quando si è trasferito a Milano per lavoro. Penso di non dovermi lasciare sfuggire l'occasione, anche se, accettando la sua offerta, mi allontanerei dalla sede della mia ditta. Ma cosa sono mai, mi dico per incoraggiarmi, trenta chilometri in più al giorno se la distanza può contribuire a farmi finalmente prendere il volo?

Così ha fatto Giacomo. Ha capito molto prima di me che doveva decidersi a lasciare la nostra tranquilla cittadina di provincia per avventurarsi, come diresti tu, tra le insidie della grande città. Ha capito che doveva trovare il coraggio di abbandonare la sua famiglia patriarcale, così accogliente e rassicurante, che tuttavia lo imprigionava in una rete a maglie troppo strette. Di questo e di altro ancora Giacomo mi ha parlato quando l'ho cercato subito dopo la rottura con Francesca. Istintivamente ho pensato che lui fosse in grado di aiutarmi a capire che cosa mi stava succedendo.

Abbiamo passato un'intera serata a chiacchierare guardando l'acqua nera del lago che si increspava sotto le sferzate del vento. In lontananza, lampi sempre più ravvicinati squarciavano il cielo buio preannunciando il temporale. Eravamo così presi dai nostri discorsi che la pioggia ci ha colti all'improvviso senza che avessimo pensato a ripararci. Io sono rimasto folgorato dalle parole di Giacomo più che se mi avesse colpito un fulmine.

Parlava della solitudine, Giacomo. Parlava della necessità della solitudine e dell'importanza di imparare ad assaporarla. Bisogna passarci, mi ha detto, altrimenti si rischia di non crescere mai. Bisogna allentare i vecchi legami per poi allacciarne di nuovi, non più imposti, ma finalmente scelti nella più pura libertà. Ci vuole tempo e per-

severanza per vincere la paura della perdita del mondo rassicurante della nostra infanzia, per rinunciare all'idea dell'onnipotenza dei nostri genitori, per abituarci all'effetto della caduta delle nostre illusioni giovanili.

Ti dice qualcosa tutto questo, mamma? Temo di no. Quando Giacomo se n'è andato di casa, tu ti sei premurata di assicurare a sua madre la tua solidarietà e di mostrare a me la tua ferma disapprovazione per quella scelta. Me lo hai indicato come un modello da non seguire, ma per me Giacomo si è sempre rivelato un amico fedele e, l'altra sera, un maestro prezioso che mi indicava la strada giusta.

Dopo averlo riaccompagnato a casa, sulla via del ritorno, ho pensato che questi discorsi avreste dovuto farmeli voi, tu e mio padre. Voi non mi avete mai parlato della fatica di crescere e del gusto che si prova a sperimentare in prima persona nuove emozionanti conquiste. Non mi avete mai incoraggiato a misurare le mie forze, ma, poco alla volta, mi avete spinto a non credere possibile un mondo senza la vostra ingombrante presenza. È sottinteso mamma, tu e io lo sappiamo benissimo, che il plurale è un eufemismo. Tu hai agito, mio padre è stato a guardare.

Così ho deciso: me ne andrò anch'io di casa e nessuno mi farà cambiare idea. Nemmeno tu, mamma. Per quante lacrime tu possa piangere, per quante minacce tu possa proferire. Chiuderò gli occhi, le orecchie e il cuore al dolore che la mia decisione ti procurerà. Sarò cieco e sordo anche al richiamo delle mie paure e delle mie nostalgie. Hai già mio fratello in ostaggio... non pretendere anche me, mamma. Lasciami andare.

Sono praticamente certa che, se intervistassimo la madre di Angelo, si difenderebbe con strenua determinazione e accenti sinceri dalle accuse del figlio. Sosterrebbe la propria encomiabile buonafede, il proprio genuino attaccamento alla famiglia e la propria generosa dedizione materna. Manifesterebbe stupore e indignazione per essere stata fraintesa in modo così ingiustificato. Il vittimismo sarebbe d'obbligo e, con esso, un inevitabile richiamo all'ingratitudine filiale.

È sempre molto difficile far capire ai genitori che l'assenza di premeditazione e consapevolezza nell'agire, tipica della maggior parte dei casi, è un'attenuante che alleggerisce solo in minima parte la loro responsabilità e, comunque, non annulla i danni prodotti. Gli adulti dovrebbero vigilare attentamente sulla loro condotta e sulla tendenza a contrastare il bisogno di autonomia dei figli, per non incorrere in errori che si potrebbero scongiurare.

Nell'ambito della mia esperienza professionale, ho trascorso ore e ore di sedute cercando di risvegliare nei padri e nelle madri qualche barlume di consapevolezza riguardo alle ragioni profonde che hanno contribuito a innescare la loro cecità e la distorsione dei meccanismi emotivi che ne sono all'origine. Ho discusso a lungo con genitori che scambiavano sistematicamente per amore e istinto di protezione un egoistico bisogno di possesso e strumentalizzazione dei figli. Quasi sempre con grande sforzo, e dopo aver opposto molta resistenza, arrivavano a prendere atto del loro ruolo giocato all'interno del "dramma" familiare.

Del resto, è tipico dei genitori che si trovano in difficoltà nella gestione educativa di bambini e adolescenti refrattari ai loro interventi ostinarsi a non ammettere le carenze del loro impegno o l'inadeguatezza dei metodi adottati. Preferiscono attribuire la problematicità della situazione e il fallimento del rapporto con i figli alle peculiarità caratteriali di questi ultimi. Uno dei cavalli di battaglia degli adulti riguarda proprio il temperamento innato dei loro indocili discepoli, che vengono, di volta in volta, classificati come ribelli, scorbutici, rompiscatole, scansafatiche, intrattabili, bugiardi, pigri ecc... Come se esistesse un gene responsabile per ognuno degli attributi prescelti.

In questi casi, le frasi preferite dei genitori, luoghi comuni tra i più radicati, sono del tipo: "È sempre stato un bambino difficile... fin dalla nascita"; "Ha ereditato lo spirito ribelle di suo nonno..."; "È un originale come tutti i Brambilla..."; "È testarda di natura..." e così via. E questi figli, precocemente etichettati, si portano in giro la loro fama di soggetti scomodi e disturbati che rischia di condizionare, talvolta in maniera irreparabile, la loro vita di relazione.

Questo medesimo tipo di dinamica è frequente anche in ambito scolastico. La nomea degli allievi designati come problematici si diffonde da un insegnante all'altro, da una classe all'altra, accompagnata da segnali di pericolo che scatenano le ansie di interi consigli di classe. Il tamtam degli avvertimenti può iniziare in occasione del passaggio dalla scuola materna alla scuola elementare e protrarsi per gli anni successivi, con grave danno per gli esiti scolastici e la possibilità di integrazione dei soggetti in causa. Sappiamo, infatti, quanto contino agli effetti del rendimento degli studenti le aspettative favorevoli o sfavorevoli dei loro insegnanti. È proprio il caso di dire che le profezie si avverano, come dimostrano numerose ricerche sulla realizzazione delle previsioni inconsce.

Occorre, dunque, che gli adulti si impegnino a combattere i loro pregiudizi: non esistono bambini "difficili" per natura. Esistono soltanto bambini che incontrano difficoltà alimentate da una inadeguata gestione relazionale e formativa da parte degli adulti.

Dipendenza e autonomia: le due facce dell'amore

La storia di Angelo ci induce a domandarci in quale modo i figli imparano ad amare dai loro genitori; quali sono i modelli dell'affettività che il mondo degli adulti prospetta ai giovani; qual è la concezione dell'amore che viene trasmessa.

Da un lato, l'amore viene presentato come espressione di un bisogno di dipendenza, che si nutre di incursioni massicce nello spazio personale dell'essere amato, di ansiose richieste di rassicurazione e coinvolgimento in tutti i suoi progetti, di aspettative di fusione ed esclusività del rapporto amoroso. Dall'altro, e in palese contraddizione con questa ideologia, la paura della propria parte irrazionale-emotiva, una paura che caratterizza la maggioranza degli individui, tende a preservare numerosi adulti dal coinvolgimento affettivo: li costringe a soffocare gli impulsi più genuini, a reprimere la spinta all'appagamento dei propri bisogni profondi e a rifiutare le richieste e le offerte d'amore degli altri.

La formalità, che difende dal contatto fisico e dalle effusioni, permea troppo frequentemente non solo le relazioni sociali nel contesto pubblico, ma anche quelle che attengono alla sfera privata, che invece dovrebbe essere improntata all'intimità e al calore affettivo.

Venir tenuto "a distanza di sicurezza" da parte di un genitore è sempre fonte di grande sofferenza per un figlio. Molti genitori sono istintivamente e inconsapevolmente inclini a un atteggiamento di sostanziale estraneità dai figli, senza disattendere il dovere dell'accudimento materiale e di una formale partecipazione alla loro vita. Li allontanano, pur salvando l'apparenza di una premurosa dedizione.

Di solito, i figli che si sentono emotivamente rifiutati sono figli docili, che reprimono rabbia e ribellione per paura di perdere del tutto una madre o un padre che già percepiscono distanti, per non dire ostili. Dunque, non è difficile prevedere che la loro vita sarà indirizzata verso scelte e obiettivi predeterminati dagli adulti.

Non ci meravigliamo, dunque, se molti figli rimangono, come sostiene Angelo, in ostaggio della famiglia d'origine. Così è capitato a suo fratello Antonio, che sembra aver spento la propria vitalità per rimanere a crogiolarsi in una situazione disperatamente stagnante. Altri, più fortunati o più reattivi, hanno preziosi soprassalti di consapevolezza, che sortiscono l'effetto di aprire la porta della loro gabbia. Allora si allontanano dalla famiglia deliberatamente, sia pure senza leggerezza, portando con sé un carico di dolore che potrà attenuarsi via via che la nuova condizione di vita li catturerà con la forza delle promesse mantenute e delle speranze realizzate.

Per altri figli ancora, l'uscita dalla famiglia è solo apparentemente una libera scelta: in realtà percepiscono di non avere alternative. I genitori sanno, a volte, mettere in atto meccanismi espulsivi che non lasciano scampo. Avvertono, più che altro confusamente, che i figli hanno bisogni intensi di intimità, contatto fisico e calore affettivo, che li colgono impreparati e li imbarazzano. Non sapendo farvi fronte se ne difendono, tenendo i figli a distanza.

Anche Diletta si è ritrovata in un simile doloroso frangente. Arrivata in terapia in seguito a una crisi di coppia che, com'è facile desumere dalle sue stesse parole, era già scritta nelle premesse del suo matrimonio e, prima ancora, nel suo rapporto con la madre, ha faticosamente ripercorso la sua storia e finalmente risolto il suo desolante vissuto di bambina respinta.

In una lettera alla madre, con parole accorate, Diletta ha ricordato l'uscita dalla famiglia in occasione del suo matrimonio, sotto il peso di una dolorosa sensazione di rifiuto e abbandono. Questa lettera, che inizialmente Diletta aveva intenzione di distruggere, è stata conservata e utilizzata in seguito, a terapia avanzata, per un tardivo chiarimento con la madre.

Il bisogno di riconciliazione con i genitori, anche se viene negato a parole, può accompagnare, e tormentare, i figli per tutta la vita. I quali coltivano ostinatamente, e a volte senza speranza, il sogno di riuscire, prima o poi, a convincere i genitori della validità delle proprie contestazioni, rendendoli consapevoli dei torti subiti.

Nel caso di Diletta, peraltro supportata dalla terapia, il tentativo di riavvicinamento alla madre ha avuto un esito favorevole. Il grado di accoglienza delle sue ragioni da parte della madre si è rivelato, infatti, sufficiente a innescare una ristrutturazione positiva del loro rapporto.

Sembra dunque che sia arrivato il gran giorno, mamma, il giorno del mio matrimonio, quel giorno che tu hai atteso con tanta trepidazione per coronare il "tuo" sogno. Non è così che si usa dire in questi casi?

Mi domando con sgomento, ora che sono le due della notte della vigilia, se questo era anche il mio *sogno. All'improvviso mi attanaglia un dubbio inquietante, che non mi fa dormire.*

Dicono che sia normale avere tentennamenti all'ultimo

momento, che sia normale farsi cogliere da perplessità e paure, ma temo che nel mio caso tutto ciò sia sintomo di qualcosa di più grave. Se devo dirti con sincerità quello che provo, stanotte mi sento come se fossi alla resa dei conti, con le spalle al muro in un vicolo cieco con il nemico di fronte a precludermi ogni possibilità di fuga. Ormai non ho più scampo. O posso ancora dire no domani, quando gli invitati scruteranno indiscreti il mio volto cercandovi segni di emozione nel momento in cui, con la formula di rito, mi consegnerò come un prigioniero nelle mani del nemico, contando solo sulla sua clemenza?

Mi spaventano questi pensieri ostili che stanotte hanno cominciato lentamente a fare breccia attraverso l'agitazione convulsa degli ultimi preparativi.

Che sorpresa sarebbe per Michele. Ma soprattutto, che sorpresa sarebbe per te, mamma. O forse, in qualche riposto angolo della tua coscienza, il sospetto che, dopo tutto, sarei anche capace di giocarti questo brutto tiro ti fa desiderare con impazienza che passi in fretta il fatidico giorno del mio matrimonio.

Tu sai bene che, dietro la mia apparenza di ragazza docile e bene educata, si nasconde una miscela esplosiva, fatta di rabbia repressa, di ribellioni soffocate sul nascere, di parole roventi mai pronunciate. Sei stata tu a coltivare questa apparenza, a forgiare abilmente la mia immagine, come un artista plasma la materia prima, conformandola al suo modello. L'hai fatto anche con Valeria, ma sono certa che di lei non hai mai neanche lontanamente sospettato che potesse deluderti, che potesse tradire il progetto del suo artefice.

Ci hai cresciute allo stesso modo, Valeria e io. Ci hai preparato lo stesso destino, che doveva culminare in un matrimonio decoroso all'altezza del prestigio della nostra famiglia, ma eri ansiosa di "piazzare" me per prima, anche se sono la più giovane. L'ho sempre percepita quest'ansia, questa fretta di staccarmi da te, come se tu avessi paura che potessi restarti in carico troppo a lungo e, prima o poi, chiederti conto della tua indifferenza.

Tu hai sempre respinto i miei tentativi di avvicinamento e di contatto. Non ricordo che tu mi abbia mai abbraccia-

ta o baciata spontaneamente: non mi toccavi a meno che non fosse strettamente necessario. Non che tu fossi particolarmente affettuosa con Valeria, ma non ti mostravi così infastidita dalla sua vicinanza, dalle sue effusioni. È pur vero che lei era davvero poco esigente. Io no, io ero certamente importuna con te nel pretendere tenerezza, abbracci, carezze. Ho imparato poco per volta a farne a meno, ma ne ho sempre sentito la mancanza. Mi sono adattata a malincuore, perché avevo troppa paura di perderti.

In realtà, ho la sensazione di non averti mai avuta, neanche quando ero bambina. Del resto, tu mi hai costantemente descritta come una di quei bambini molesti che piangono sempre e non dormono mai, fatti apposta per esasperare le madri e far desiderare loro di non averli mai generati.

Perché questi pensieri proprio adesso? Non sarà che sto per morire e vedo all'improvviso la mia vita scorrermi davanti agli occhi, come in un film? È questo che dicono ti succeda un istante prima di morire.

Potrei andarmene adesso. Potrei uscire di scena in punta di piedi, allontanarmi da questa casa addormentata, sulla quale è calato finalmente il silenzio al termine di una giornata frenetica in cui troppe parole sono state consumate, troppi gesti sono andati sprecati.

Ho bisogno di aria: spalanco la finestra sul giardino per respirare il profumo dei lillà che ben presto invade tutta la stanza. Non posso trattenermi dal pensare che, comunque vadano le cose, mai più mi capiterà di guardare la notte da questa finestra dalla quale ho spiato per tanti anni il succedersi delle stagioni. Ricordo che mi esercitavo a cogliere i primi segnali della primavera dalle gemme rigonfie della magnolia o il malinconico incedere dell'autunno dalle foglie ingiallite della betulla.

Mi chiedo se in questa casa sono stata felice, tra queste mura che risuonano delle nostre voci e dei rumori familiari che hanno accompagnato il quieto fluire del tempo. Qui si sono consumate la mia infanzia e la mia adolescenza tranquilla, troppo tranquilla. Mai uno scrollone, mai un imprevisto; tutto pianificato e sotto controllo.

Tu mi hai dipinto il mondo fuori da queste mura come

un mondo ostile, un mondo pericoloso nel quale sarebbe stato imprudente avventurarsi: molto più rassicurante la vita in famiglia, il consueto avvicendarsi dei giorni tra casa e scuola sotto il tuo occhio vigile.

Ricordo l'impazienza con cui aspettavo le visite di Sara, l'unica amica che mi era concesso frequentare, a casa nostra naturalmente. Dopo la scuola elementare ci siamo separate con grande struggimento, ma a nulla sono valse le mie proteste. Le tue figlie non potevano frequentare una comune scuola pubblica: volevi il meglio per noi, dicevi. Le amicizie dovevano essere opportunamente selezionate. Eppure a me piacevano anche Monica, Giovanna, Davide e Francesco, ma a te non sembravano sufficientemente affidabili. Il tema delle cattive compagnie... uno dei tuoi cavalli di battaglia.

Nostro padre sembrava d'accordo con te circa le tue scelte. Ci siamo chieste tante volte, Valeria e io, più spesso io naturalmente, se fossi tu o nostro padre a pilotare le decisioni che ci riguardavano. Se conflitto c'è stato, se avete avuto contrasti, siete riusciti a mascherarli magnificamente.

Eppure, l'inganno non ha funzionato: si "sentiva" che non c'era condivisione tra voi, che non eravate in sintonia, che non vi amavate. Lo negheresti di certo. Apparentemente, tutto tranquillo. Ma si respirava, come dire?, un'atmosfera di intesa forzata che non mi ha mai convinto sino in fondo. Come facesse Valeria a crederci, ad accettare placidamente l'inganno, non l'ho mai capito. Ho tentato per molto tempo di punzecchiarla, per cogliere se la sua fosse solo passiva accettazione. E invece no: mia sorella era incapace di guardare la realtà con occhi critici o, forse, semplicemente aveva paura di vedere. Certo, anch'io ho subito l'inganno, non vi ho smascherati; ma dubbi ne ho sempre avuti, rabbia ne ho inghiottita tanta.

Con te non ne ho mai parlato, mamma. Avresti negato e disapprovato la mia sincerità, il mio bisogno disperato di entrare in contatto con te, di sentirti, di farti uscire dalla tua corazza. Magari per indurti a confessare che anche tu qualche volta eri infelice, che avevi bisogno di calore, che amavi e odiavi come tutti. Ma tu amavi soltanto, per definizione, perché il tuo ruolo di madre e di moglie te lo imponeva.

Eppure sono certa che, noi figlie, non ci amavi allo stesso modo. Puoi ammetterlo, finalmente: lo preferirei, potrei anche arrivare a capirlo. Non ci guardavi allo stesso modo. Io leggevo nei tuoi occhi, di tanto in tanto, quando guardavi Valeria, uno sguardo carezzevole. Valeria, così remissiva, così addomesticata... Quanto a me, troppe volte ho letto nel tuo sguardo il sospetto, la delusione. Non eri ostile, ma diffidente. Con me eri a disagio: lo si capiva da come andavi in ansia quando io tentavo di discutere le tue disposizioni. Vedi, non ho detto imposizioni. Non posso neppure dire che tu sia stata una madre autoritaria in senso stretto: avevi un modo così "normale" di far passare le tue decisioni che per molto tempo non mi sono accorta nemmeno io che il dissenso non era contemplato.

Anche dopo che ho capito, mi sono comunque adeguata, non puoi negarlo: troppo forte era il bisogno della tua approvazione e troppo grande il timore del confronto con mia sorella. Certo, non sono mai stata brava come te nel mascherare le emozioni. Controllavo a fatica le mie ribellioni: lo sguardo di fuoco che avrebbe incenerito un'intera foresta, il tono impertinente della voce che tradiva la mia profonda irritazione. Ma, a parte questo, ho sempre fatto come hai voluto tu, mamma, non puoi negarlo, anche se non l'ho fatto bene *come Valeria. È proprio il modo in cui l'ho fatto che non ti è piaciuto; quello che ho fatto l'hai approvato perché era quello che tu volevi per me.*

Così domani mi sposo. Ma devo proprio, mamma?

Non posso smettere di pensare che volevi liberarti di me e, alla fine, ci sei riuscita. Non sarà che Michele è complice e tutti e due mi state giocando un brutto tiro? Non sono più neanche sicura di averlo scelto io Michele: ti è sempre piaciuto troppo. O ti sarebbe piaciuto chiunque fosse venuto a portarmi via da casa, lontano da te?

Come faccio a sposarmi domani con questi pensieri, con questi sospetti che mi affollano la testa? Non posso neppure venirti a svegliare... Mi pare di vederti, di sentirti. La paura e l'agitazione non ti impedirebbero di riprendere il controllo della situazione per sfoderare il meglio del tuo repertorio di rassicurazioni che rassicurazioni non sono. Pur di ricacciare nel profondo del mio essere il più piccolo barlume di consapevolezza. Pur di allontanare da te, probabilmente per l'ultima volta, il rischio che io, alla fine, faccia crollare un baluardo così faticosamente eretto. Tu hai troppo bisogno che io coroni il "tuo" sogno.

Invece, mamma, io avrei bisogno d'altro. Anche adesso che di anni ne ho venticinque e non sono più una bambina, ma una donna che domani si sposa. Avrei bisogno delle tue braccia che, per una volta, mi stringessero amorevoli; della tua voce che, per una volta, mi accarezzasse con le parole per dirmi che non c'è fretta di andarmene, che posso anche restare, che è stato tutto un equivoco.

Basta fantasticare: è tempo di dormire. Altrimenti domani sarò esausta, non sarò padrona di me stessa e ti deluderò un'altra volta, rovinando la perfezione della tua regia. Mi sembrerà proprio una magnifica rappresentazione, mamma, ma io dovrò essere una brava attrice perché tutto riesca come vuoi tu.

Adesso rileggerò questa lettera, mio delirio notturno, e poi la brucerò. Non preoccuparti, mamma, non ti procurerò il fastidio di doverla leggere. Farò proprio come i protagonisti dei drammi ottocenteschi, che distruggevano, bruciandole, le prove delle ingiustizie perpetrate ai danni di qualcuno. Purché la verità non venga a galla, purché i segreti rimangano sepolti nel cuore delle persone.

La storia di Diletta ci consente di riflettere su alcune differenze attinenti ai ruoli materno e paterno. Generalmente, madri insensibili e anaffettive indignano l'opinione pubblica molto più dei padri dello stesso stampo, secondo una logica più emotiva che razionale. Per non parlare delle madri violente o abusanti. Le madri, nella nostra mentalità fortemente "matriarcale" (solo per quanto riguarda la gestione dell'affettività...), *non* possono sottrarsi al compito di amare teneramente e, soprattutto, gratuitamente, i loro figli. Le madri *non* possono essere egoiste o spietate. E dire che le cronache sono piene di madri degeneri, persino assassine. Sarà per questo motivo che anche la giustizia sembra, a volte, quasi reticente a incriminare le madri. Le quali, per una deformazione della nostra cultura, vengono generalmente considerate meno sospettabili dei padri.

In ogni caso, rientrando in un contesto di normalità che esula dal clamore dei casi eccezionali, dobbiamo considerare quasi inevitabile che le madri possano sbagliare più frequentemente dei padri. Si tratta però di un dato puramente statistico: essendo molto più numerose le interazioni tra madri e figli, rispetto a quelle tra padri e figli, la percentuale degli errori materni può crescere esponenzialmente, in stretta correlazione con il grado di latitanza paterna.

Del resto, molti degli stessi padri avallano il presupposto che la figura materna sia deputata a un ruolo più pregnante e incisivo nella vita dei figli, soprattutto negli anni dell'infanzia; e delegano la moglie all'assunzione di un maggiore carico di responsabilità in ambito educativo. Sappiamo tutti che questo pregiudizio ha trovato terreno fertile nell'ancora attuale disparità di impegno e di dedizione, tra uomini e donne, nell'ambito della vita familiare. Salvo sporadiche eccezioni.

Gli errori delle madri, e dei genitori in genere, sono quasi sempre recuperabili: basta accettare di riconoscerli quando si prende atto dei loro effetti nefasti sui figli. Se si è disposti a un salutare orientamento autocritico, è possibile rimediare senza danni rilevanti agli errori che potremmo definire di "ordinaria amministrazione".

Ma esistono errori che non ammettono scusanti e risultano insanabili. Sono quelli che non hanno a che fare con la discordanza di opinioni con i figli, con il dissenso rispetto alle loro scelte, con un'occasionale incoerenza nel metodo educativo. Gli errori irreparabili hanno a che fare con dinamiche affettive profonde, che chiamano in causa l'accettazione e il riconoscimento dell'identità dei figli, del loro valore personale intrinseco e del diritto di sentirsi amati.

Al riguardo, bambini e adolescenti hanno una sensibilità, per così dire, esasperata. Percepiscono, senza ombra di dubbio, se "piacciono" o meno ai genitori, a prescindere dai propri comportamenti necessariamente immaturi, dalla docilità del proprio carattere o dall'esuberanza trasgressiva della propria indole. È infatti sulla condizione dell'"a prescindere" che si gioca una rassicurante e completa conferma affettiva; oppure un freddo e angosciante ripudio emotivo. Se i figli si sentono accolti e amati indipendentemente dalla loro conformità o renitenza ai desideri e alle direttive dei genitori, allora non ci sarà dissenso o contestazione che tenga. Il clima relazionale risulterà comunque favorevole all'evoluzione psicoaffettiva dei ragazzi.

Viceversa, il rifiuto viscerale di un figlio da parte di un genitore è uno degli eventi più dolorosi che possano capitare a un essere umano: un'esperienza che potrebbe lasciare un marchio indelebile. Più ancora che venire respinto dal proprio coniuge o dal proprio figlio. Perché i bambini o gli adolescenti che si sentono rifiutati si convincono di essere, per così dire, portatori di un difetto congenito e, pertanto, "cattivi" e indegni di amore. E questa percezione alterata di sé rischia di diventare l'amara compagnia di un'intera esistenza.

2.

Volevo dirtelo

La ricerca del dialogo

Il problema della comunicazione e delle dissonanze di stile e di linguaggio è alla base delle difficoltà che la maggior parte degli adulti incontra quando si accinge all'improbo compito di stabilire un dialogo con gli adolescenti, che sono decisamente un mondo a parte.

A partire dalla scuola media inferiore, gli adolescenti cominciano a parlare in gergo, vale a dire un idioma sconosciuto agli adulti, con un vocabolario speciale e alquanto ermetico, ricco di neologismi e acronimi arditi (attualmente furoreggiano i "messaggini"...). Si tratta di un linguaggio in codice, difficilmente accessibile, se non si trova la chiave di lettura, riuscendo a penetrare nella mentalità e nello spirito giovanili.

Tuttavia, non esiste solamente un problema di traduzione di un lessico incomprensibile. Gli adolescenti utilizzano altre forme di comunicazione che non sono veicolate dalle parole e richiedono uno sforzo di interpretazione particolarmente impegnativo, per quanto concerne i significati sottesi. Le più estreme, e peraltro piuttosto frequenti, sono l'*acting-out* e il silenzio.

L'*acting-out* è, il più delle volte, un passaggio all'atto repentino e violento. Può essere una reazione incontrollata, l'esplosione di una tempesta emotiva che si traduce in comportamenti ribelli e trasgressivi. L'istintività irrompe, con tutta l'urgenza di bisogni che non possono più essere procrastinati. Molte condotte antisociali giovanili parlano questo tipo di linguaggio, duro e provocatorio. Attraverso azioni di contrasto e di rottura con il mondo degli adulti, tanti ragazzi manifestano un disagio profondo, certamente imputabile in larga misura al senso di estraneità e al fallimento della comunicazione sperimentati nel rapporto con genitori, insegnanti e tutti i soggetti responsabili della loro educazione.

Ma gli adolescenti parlano, molto spesso, anche il linguaggio del silenzio, che agli adulti risulta forse ancora più incomprensibile. E, talvolta, addirittura più ansiogeno. Capita piuttosto frequentemente che bambini allegri ed estroversi si trasformino, in modo repentino, in adolescenti scontrosi e taciturni che rifiutano non solo il dialogo, ma anche il semplice flusso dell'informazione. Il loro mondo diventa improvvisamente inaccessibile agli adulti, i quali si sentono disorientati e impauriti. Come si è creata quella distanza? Come è possibile ristabilire il contatto?

Eppure, a volte, il silenzio adolescenziale non è reattivo al comportamento e alle richieste degli adulti; non manifesta banalmente il rifiuto di comunicare con loro. È un silenzio sintomatico del bisogno istintivo di raccogliersi in sé, per affermare la propria nascente autonomia, per orientarsi nel caos generativo dei propri pensieri e delle proprie emozioni, matrice della futura identità dell'individuo. È un silenzio che esige rispetto e comprensione, e chiede di essere accolto come una benefica esperienza formativa.

Esiste naturalmente anche il silenzio dell'ostilità o della paura, che rifiuta il dialogo e respinge l'adulto, invalidandone il ruolo di interlocutore. È un silenzio che esprime risentimento e delusione; che non lascia dubbi sulla sua interpretazione. È come se un figlio dicesse: non intendo rivolgerti la parola... tanto non mi ascolti, non puoi capire o strumentalizzi quello che dico.

Gli adulti sono, in generale, cattivi comunicatori: non sanno decodificare i messaggi dei loro giovani interlocutori, che sono quasi sempre impliciti o tortuosi, comunque indiretti. Gli adolescenti possono mostrarsi indifferenti nel momento in cui una tempesta emotiva sta agitando il loro cuore; possono attaccare quando vogliono soltanto difendersi; possono manifestare rabbia e avversione quando chiedono semplicemente di essere amati. I fraintendimenti sono all'ordine del giorno e intralciano la comprensione delle reali richieste dei ragazzi.

In ogni caso, non è soltanto nel ruolo di destinatari della comunicazione che gli adulti si rivelano carenti, ma anche in quello di emittenti. Spesso, genitori e insegnanti non sono in grado di motivare adeguatamente le loro proposte, i loro divieti o le loro convinzioni; non sanno fornire soluzioni ai problemi. Capita, inoltre, che dicano o facciano la cosa giusta nel modo e nel momento sbagliati; che sottraggano valore alle loro affermazioni con l'incoerenza del comportamento. Riescono così a trasmettere ai loro giovani discepoli solo sfiducia e insicurezza, facendoli sentire abbandonati a se stessi, senza una guida.

Se analizziamo la comunicazione verbale degli adulti, ci rendiamo conto che le sue caratteristiche la rendono incompatibile con la struttura del dialogo, peraltro tanto invocato da genitori e insegnanti. Gli adulti parlano infatti per asserzioni ("So quello che dico, sono sicuro di essere nel giusto") e prescrizioni ("So che cos'è bene per te, devi solo eseguire, non ho bisogno di dare spiegazioni"). Impongono divieti anche ingiustificati, per paura di perdere il controllo sui figli e sugli allievi, per paura delle loro trasgressioni. I discorsi degli adulti abbondano di critiche e giudizi di valore, che scoraggiano i ragazzi costringendoli in rigide strutture di pensiero e comportamento.

Se la comunicazione non favorisce la comprensione tra gli interlocutori e non produce significati condivisi, il divario tra le intenzioni dell'emittente e la decodifica del ricevente rischia di non poter essere mai colmato. Per un adolescente, gli effetti del fallimento del processo comunicativo si riassumono in un unico drammatico esito: sentirsi rifiutato, cioè non amato. O meglio, trattandosi di un soggetto in formazione, non sentirsi degno di essere amato.

Gli adulti, dal canto loro, sono portati a reagire all'*impasse* relazionale formulando conclusioni pretestuose, fondate su stereotipi e luoghi comuni che, da sempre, vengono utilizzati come categorie descrittive del comportamento e della mentalità giovanili. Tendono a interpretare semplicisticamente le parole e le azioni dei ragazzi, attribuendole a una propensione all'indolenza e all'insubordinazione. In tal modo, gli adolescenti vengono, di volta in volta, accusati di rifiutare il dovere e la fatica, di pretendere di ottenere tutto troppo facilmente, di non rispettare le regole, di non tenere in alcun conto l'esperienza e l'autorità di genitori e insegnanti, di compiacersi a esasperarli.

La comunicazione, dunque, non coincide necessariamente con la comprensione, proprio perché può venire meno la corrispondenza tra l'intenzione di chi parla o agisce e l'interpretazione di chi decodifica i messaggi.

Nonostante tutto, non dovrebbe mancare, da parte degli adulti, la volontà di cercare un'intesa e lo sforzo di costruire significati comuni. E, più spesso di quanto non si creda, è proprio attraverso un confronto vivace che si accede a una maggiore comprensione reciproca. Si può dissentire, discutere, persino litigare e, tuttavia, comunicare.

Al contrario, possono esistere "buoni" rapporti, apparentemente sintonici, che creano l'illusione dell'intesa e dello scambio comunicativo semplicemente perché si rifugge dal confronto diretto e dal conflitto relazionale. In realtà, spesso si tratta di un accordo puramente formale e di un dialogo privo di sostanziale condivisione e di significati affettivi.

Eppure, questi mitici "buoni" rapporti sembrano essere i preferiti dai genitori, che vorrebbero parlare senza essere interrotti o contraddetti; vorrebbero vedere assolti doveri e prescrizioni, senza che la loro autorità venga messa in discussione da parte dei figli. I quali, invece, generalmente si oppongono, polemizzano, rimandano l'adempimento delle disposizioni genitoriali, con l'effetto di esasperare gli adulti più suscettibili e intolleranti.

Certamente, comunicare con gli adolescenti è un'arte che si può apprendere, a partire da alcuni principi elementari. Come deve essere la comunicazione dei genitori per risultare efficace, per dare luogo a quella reciprocità di impegno e coinvolgimento tra i poli della relazione che genera il vero dialogo? Com'è possibile parlarsi e, miracolo!, capirsi?

Innanzitutto, quanto meno a partire dall'adolescenza, i ragazzi devono essere riconosciuti come interlocutori competenti, anche se dotati di un lessico e di uno stile comunicativo peculiare dell'età e, come ulteriore contrassegno, dell'identità personale di ciascuno. Sono quindi da evitare commenti e ingiunzioni squalificanti, del genere: "Sei immaturo, non puoi capire...", "Non sai quello che dici...", "Smettila di dire stupidaggini..." e simili. Genitori e insegnanti tendono facilmente a un paternalismo moralistico e censorio che irrita i ragazzi e scoraggia, appunto, il dialogo.

Un'eccessiva verbosità è la seconda controindicazione relativa all'efficacia dello stile comunicativo degli adulti. Le madri, in particolare, risultano spesso troppo prolisse e ridondanti: nelle raccomandazioni, nelle domande, nei rimproveri. È bene ricordare che, dopo pochi minuti (anzi, secondi...), l'attenzione dei bambini e degli adolescenti si esaurisce. Le parole perdono incisività diventando un fastidioso rumore di fondo.

Non intendo certo sostenere che in famiglia si debba esercitare un silenzio monacale e l'astensione da ogni commento, richiamo o scambio di vedute. Le parole servono, è indubbio, anche se vanno dosate e scelte con cura. Servono a confermare l'affetto e la comprensione, una volta che si sia stabilito il contatto a livello emotivo, attraverso un atteggiamento di costante disponibilità e calorosa partecipazione alla vita dei figli.

In alcune circostanze, le parole sono indispensabili e i figli se le aspettano. L'esperienza insegna che bambini e adolescenti che non vengono rimproverati, o anche puniti, quando hanno consapevolezza di una trasgressione, sviluppano uno stato di ansia e disagio profondo. Possono arrivare a sentirsi trascurati e, addirittura, abbandonati dai genitori. In ogni caso, hanno bisogno di sentirsi perdonati e riaccolti nel loro amore. Così come hanno bisogno di incoraggiamento e del riconoscimento delle loro doti, dei loro meriti e delle loro conquiste.

Esistono, invece, genitori avari di parole e di conferme: soprattutto padri. Genitori che "tengono il muso" e rifiutano ai figli, magari per giorni e giorni, una possibilità di recupero del rapporto. Genitori distratti, tutti presi dai loro problemi contingenti e dalle preoccupazioni quotidiane. Genitori autocentrati, che sottraggono tempo e parole ai figli in nome delle loro ambizioni, finalizzate al prestigio sociale e alla carriera professionale. E, infine, genitori introversi, silenziosi per pudore, per inibizione affettiva, per difficoltà di espressione delle proprie emozioni. Proprio come se soffrissero di un'afasia sentimentale. Pertanto, con queste premesse, la comunicazione analogica degli adulti non è meno deficitaria e problematica di quella verbale.

Fabrizio ha avuto, per l'appunto, un padre emotivamente afasico. Pur avendo svolto il suo ruolo genitoriale con un contegno irreprensibile e, a suo modo, affettuoso, si è "trattenuto" dal coinvolgimento profondo, comunicando al figlio l'impressione di averlo subito, più che amato. Il rimpianto di Fabrizio per un rapporto che non è potuto fiorire secondo i suoi desideri si è riacutizzato in occasione della nascita del suo primogenito. Questo evento straordinario gli ha fatto rivivere la sua frustrante esperienza di figlio che, tuttavia, non ha mai perso la speranza di trovare un'intesa con il proprio padre.

Fabrizio ha affidato alle parole scritte il tentativo di comunicare al padre le emozioni risvegliate nel suo cuore dalla nascita di Jacopo e gli inevitabili propositi conseguenti. È stata proprio la presenza di questo amatissimo figlio e nipote a favorire l'inizio del dialogo tra Fabrizio e il proprio padre, e il recupero del loro rapporto, con viva soddisfazione di entrambi.

Padre, com'è difficile trovare l'appellativo per rivolgermi a te. "Papà" mi sembra un termine decisamente troppo bizzarro: non ti si addice. Nemmeno "padre", per la verità: troppo austero, troppo formale. Eppure, per scriverti, mi ripugna usare il tuo nome di battesimo, come mi hai abituato a fare in tutti gli anni in cui ho vissuto in famiglia.

Alberto, Elena. Il suono magico degli appellativi "papà e mamma", che scandiscono con regolarità i discorsi dei bambini, era stato bandito dal mio vocabolario fin dal momento in cui sono stato in grado di pronunciare le prime parole. Penso che tu e mia madre vi siate trovati d'accordo sull'idea di farvi chiamare da me con il vostro nome di battesimo, ma, chissà perché, ho sempre pensato che la decisione fosse tua.

Crescendo, ho cominciato a provare un certo imbarazzo con i compagni di classe, esattamente dal giorno in cui Marco, in prima elementare, mi ha chiesto, sorpreso, la ragione di questa strana abitudine e io non sono stato in grado di rispondere. Segno che neppure io capivo il senso di questa consuetudine controcorrente. Forse volevate mostrarvi genitori evoluti, emancipati. Forse, più o meno inconsciamente, rifiutavate il ruolo di genitori. Non so, non ne abbiamo mai parlato. So solo che, adesso che sono padre anch'io, non permetterò a mio figlio di chiamarmi per nome. È la prima cosa che ho pensato guardandolo in faccia per la prima volta. La seconda è stata che dovevo scriverti. La lontananza non favorisce certamente il dialogo e il telefono è un mezzo troppo alienante.

Adesso che sono padre anch'io mi sembra che ci leghi una complicità sottile, che ci proietta in una dimensione nella quale potremmo finalmente provare a parlare e a capirci. Perciò, stanotte, dopo essermi alzato per calmare il pianto di Jacopo che si era svegliato, ho sentito l'impulso di scriverti. È incredibile: ogni volta che guardo mio figlio penso a te.

Non sei stato un cattivo padre, ma probabilmente, quando sono nato, non eri pronto per essere padre. Tu non mi hai mai detto di non avermi desiderato, ma so che è così. D'altra parte, come non capirti? Eravate ancora studenti quando mia madre è rimasta incinta e certamente un figlio non era nei vostri programmi a breve scadenza. Sono stato un rompiscatole e questo, in qualche modo, mi ha sempre fatto sentire di troppo, perennemente fuori posto. Me la ricordo bene questa sensazione di disagio che allora non capivo. L'ho messa a fuoco soltanto dopo, quando la mia giovinezza ti ha liberato dall'incombenza di doverti oc-

cupare di me. L'ho capito dal senso di libertà che ho cominciato a provare e che certamente doveva essere anche il tuo. Finalmente potevo fare da solo e tu eri di nuovo libero: il tuo compito era terminato. L'hai svolto con senso del dovere encomiabile, lo riconosco. Se l'hai svolto con amore, non so. Non saprei dirlo. Non me l'hai fatto pesare, questo no. Eri paziente, disponibile, comprensivo, come un padre responsabile deve essere. Ma qualcosa è mancato, padre. È mancata la spontaneità, è mancata la libertà di scelta. Tu non mi hai scelto, mi hai subito, anche se l'hai fatto con discrezione e senza recriminare.

Eppure, ogni volta che facevamo qualcosa insieme, io "sentivo" che tu avresti voluto non essere là, che io ti stavo sottraendo una parte della tua vita. Che cosa avresti fatto se la mia nascita non avesse cambiato il corso della tua storia? Me lo sono chiesto spesso negli ultimi tempi e per te ho immaginato scenari grandiosi: master in università prestigiose, viaggi in giro per il mondo, il Nobel. Sono certo che hai dei rimpianti, che dalla tua posizione di oscuro medico generico guardi con rammarico ai tuoi sogni di brillante studente lasciati alle spalle. Te l'ho letto troppe volte negli occhi, mentre ti concedevi una tregua dal lavoro, sprofondato nella tua poltrona preferita a fissare il profilo dei tetti delle case intorno, dall'alto del nostro settimo piano. Non sai cos'avrei dato per essere ammesso nel sacrario dei tuoi pensieri.

Credo che tu abbia subito anche mia madre, con rassegnazione, come un destino ineluttabile al quale non è possibile sfuggire. Ho percepito la tua rassegnazione dai tuoi silenzi, che accompagnavano le sue sfuriate. Non erano silenzi ostili: semplicemente inerti. Credo che lei non ti abbia mai perdonato di averla messa incinta e tu hai accettato di dover espiare la tua colpa.

Ogni volta che ti attaccava con la sua lingua tagliente io sentivo la lama di un coltello affilato che mi penetrava nella carne infliggendovi una nuova ferita. Che cosa provassi tu, non l'hai mai detto. O almeno, con me non l'hai condiviso. Adesso capisco che era giusto così, che mi volevi preservare; ma, allora, io cercavo una condivisione più piena con te e sentivo che tu mi sfuggivi. Hai rifiutato la mia complicità ai danni di mia madre: è questo che un genitore coscienzioso deve fare. Anche questo ti devo, padre. Riuscirò mai a saldare i debiti che ho contratto con te?

Tu hai fatto da scudo tra me e mia madre: lei sì che mi ha fatto pesare la mia intrusione a sorpresa nella sua vita. Eppure, nei suoi confronti non mi sono mai sentito in colpa. Anche quando mi ripeteva che aveva dovuto abbandonare una carriera universitaria promettente per fare la moglie e la madre. Chi gliel'ha chiesto? Non certo io. E nemmeno tu, ne sono sicuro. Troppo mite, troppo attento a non prevaricare nessuno.

Per una sorta di fatalità, che inizialmente definivo maligna, anche Jacopo è arrivato inaspettato. Con Lorenza stavamo insieme da sei mesi: troppo pochi per una maternità e una paternità responsabili. Io non intendevo ripetere i vostri errori e mi sono tormentato per tutto il tempo della gravidanza. Ma Lorenza voleva fortemente questo figlio, anche se non era stato programmato e io non ho potuto oppormi. D'altronde, c'era in questo evento, mischiata alla mia riluttanza, una sorta di attrattiva, di richiamo. Volevo rifare il tuo percorso, volevo scoprire come ci si sente con un figlio che piomba nella tua vita all'improvviso, come un ciclone che sconvolge la tua quieta esistenza. Insomma, volevo scoprire finalmente se la tua dedizione e il tuo altruismo potevano essere amore, invece che l'espressione di un agghiacciante senso del dovere.

Rivivo l'emozione che ho provato nel vedere mio figlio, la prima volta che me l'hanno messo tra le braccia. Basta che ci pensi e mi invade ancora una vampata di calore che si espande rapidamente. Comincio a sudare, devo togliermi il pullover, letteralmente. Da quando è nato Jacopo sono stato travolto da un vortice di emozioni che mi hanno, di volta in volta, inebriato, atterrito, sconcertato, appagato.

Ho cominciato a tormentarmi al pensiero che tu non abbia provato queste sensazioni per me. Temo che i tuoi pensieri fossero altri quando mi prendevi tra le braccia. Eri certamente preoccupato del carico di responsabilità prematuro che la mia nascita comportava: una famiglia da mantenere, un lavoro noioso e precario, gli studi da portare avanti. Non so se c'era spazio per le emozioni, credo di no. Ep-

pure, mi assale quasi un senso di vertigine al solo pensiero che tu abbia potuto provare, in qualche occasione, guardandomi, toccandomi o parlandomi, sensazioni simili a quelle che provo io per Jacopo. Mi cullo spesso in questa illusione, ma so che non è così: non ti ho mai sentito vibrare d'emozione per me, né per nessun altro d'altronde.

Forse mi inganno; forse, dopo tutto, anche tu non eri di ghiaccio. Forse sono ingiusto e sto dando soltanto corpo alla mia paura: paura della tua indifferenza. Ricordo ancora quella volta in cui (potevo avere dieci anni...) sono caduto da un ramo del ciliegio piantato al centro dell'orto della nonna. Ho battuto la testa, sono svenuto e mi sono risvegliato in un letto d'ospedale. Il tuo volto chino su di me, lo sguardo ansioso, la tua mano sulla mia fronte. Hai passato la notte al mio capezzale. Ho letto la paura nei tuoi occhi: hai temuto di perdermi. Quella notte, forse, mi hai amato. E chissà, possono esserci stati altri giorni e altre notti in cui hai sofferto o gioito per me. Peccato che io non lo sappia. Peccato che tu non me l'abbia mai rivelato.

Forse, questa lettera non te la spedirò mai. Mi imbarazza l'idea che tu possa leggere i miei pensieri più intimi: non c'è mai stata intimità tra noi, solo tolleranza e rispetto. Adesso che il silenzio della notte si sta dissolvendo interrotto dal cinguettio degli uccelli, mentre il chiarore soffuso dell'alba penetra dalle fessure delle persiane, un'improvvisa sensazione di pace mi invade. Stanotte ho trovato finalmente le parole per sciogliere il nodo dei miei affanni e non importa se tu non leggerai questa lettera. Ho scritto perché ne avevo bisogno, per chiudere un conto che avevo in sospeso, non con te, ma con me stesso: dovevo mettere ordine nel groviglio di sentimenti che mi legano a te e mi hanno tormentato in tutti questi anni.

Ho scritto anche per Jacopo, perché il suo destino di figlio è indissolubilmente legato al mio. Io, un giorno, sceglierò di dirglielo, non glielo lascerò soltanto intendere. Gli dirò della sua irruzione prepotente e imprevista nella mia vita. Gli dirò che, per questo, l'ho persino odiato prima che nascesse; o almeno, così mi è sembrato. Ma gli dirò anche che, dal momento in cui l'ho visto in faccia e l'ho cullato, niente altro ha avuto più importanza per me. Non avrò paura di ferirlo, ma non avrò nemmeno paura di fargli sentire che lo amo. Non avrò paura della mia incapacità, del mio dolore, delle sue richieste, del suo rifiuto. Non mi difenderò, padre. Amerò e mi lascerò amare. Seppellirò la parola "dovere" in modo che mio figlio non possa mai leggerla nei miei sguardi spenti o nei miei gesti affaticati. Gli parlerò dei miei sogni che lui ha infranto nel momento in cui è piombato nella mia vita, ma gli svelerò anche quelli che lui ha fatto nascere in me e che io, senza di lui, non avrei mai conosciuto.

Il tema della riconciliazione ricorre spesso nei colloqui con giovani adulti che abbiano fatto esperienza di rapporti conflittuali con i propri genitori. L'esigenza di ricomporre l'armonia perduta (quello stato di concordia e benevolenza che, in genere, connota gli anni della fanciullezza) matura gradualmente con l'ingresso nella vita adulta, quando ormai lo svincolo dalla famiglia ha ammorbidito posizioni che in precedenza apparivano irreparabilmente distanti.

Nella mia pratica professionale, mi è capitato spesso di verificare che, non appena i genitori manifestavano di "ravvedersi" ammorbidendo il proprio atteggiamento, persino i figli più rancorosi e risentiti si aprivano a loro volta a una disponibilità inedita al rapporto. Come se aspettassero solamente un segnale di via per ripristinare una comunicazione dolorosamente interrotta.

L'orgoglio è, soprattutto per i giovani, un sentimento di forte rilevanza, che rende piuttosto renitenti alle iniziative di pacificazione. Da parte dei figli, fare il primo passo per ristabilire un rapporto incrinato o interrotto viene spesso considerato un pericoloso indice di debolezza: potrebbe indurre i genitori a interpretare il desiderio di riconciliazione come un'ammissione di colpevolezza e un attestato di pentimento. Al contrario, i figli, il più delle volte, non intendono arretrare di un passo rispetto alle loro posizioni, ma sentono comunque il bisogno di sanare il conflitto e ripristinare la corrente dell'affettività.

Con il passare degli anni, molti figli tendono infatti a diventare più disponibili ad accettare la tesi della buonafede dei genitori e, dunque, delle loro buone intenzioni. In tal modo, risulta più facile perdonarli, arrivando persino a riconoscere la validità di alcune scelte e motivazioni a suo tempo non condivise. Questi giovani, crescendo, perdono gradatamente la loro naturale intransigenza e, superando rigide posizioni preconcette e sterili questioni di principio, si predispongono a uno stile relazionale di compromesso e contrattazione reciproca, che dovrà caratterizzare i rapporti della vita adulta.

Nel frattempo, mentre si compie questo importante processo di maturazione, gli adulti hanno il dovere di tentare un'opera di conciliazione, ogni volta che si presentino occasioni conflittuali, prima che i contrasti si incancreniscano pericolosamente. Non è detto che i figli rispondano prontamente alle iniziative di pace dei genitori, ma alla lunga la buona disposizione di questi ultimi risulterà efficace. I giovani hanno bisogno di sapere che la porta di casa non sarà mai definitivamente chiusa, sia che decidano di andarsene per libera iniziativa, sia che vengano allontanati a causa del rifiuto genitoriale delle loro scelte di vita.

Dissidi protrattisi nel tempo e lunghe interruzioni di rapporto fra genitori e figli sono più spesso imputabili all'ostinazione e all'intransigenza dei genitori, i quali, rispetto ai figli cresciuti, si pongono in una relazione simmetrica di potere e pretendono di vedersi riconosciuta un'autorità che, dalla maggiore età in poi, non può più essere imposta. Dunque, continuano a nutrire nei confronti dei figli aspettative non realistiche di docile osservanza delle proprie disposizioni e di pronta ammenda in caso di inadempienze.

Capita così che il braccio di ferro intergenerazionale si protragga nel tempo sino a sfociare in una definitiva condanna da parte degli adulti, che arrivano a pronunciare impulsivamente terribili anatemi. "Non sei più mio figlio"; "Per me non esisti più"; "Non rimettere più piede in questa casa": nessun genitore dovrebbe lasciarsi sfuggire simili minacce. Eppure, ne ho conosciuti alcuni che, pur pentendosi della propria intransigenza, hanno mantenuto l'irrevocabilità della condanna, incapaci di riconoscere anche a se stessi il senso disperante della mancanza dei figli.

Comunicare le emozioni

Si usa dire comunemente che quando c'è intesa tra due persone, quando ci si conosce bene, quando si è stabilita una profonda intimità, le parole non servono: sono superflue. Secondo i numerosi fautori di questa scuola di pensiero, la comprensione, il coinvolgimento e l'affetto passano prevalentemente attraverso altri canali: sguardi, gesti, abitudini comuni.

Gli esperti di comunicazione ci hanno ormai convinti dell'importanza, anzi della preminenza, del modulo analogico di trasmissione dei messaggi; vale a dire tutto ciò che esula dalla parola, tutto ciò che è comportamento. Ma io credo valga la pena fare alcune precisazioni, per non correre il rischio di semplificare indebitamente, come spesso accade quando schematizziamo.

Talvolta, la teoria che minimizza la funzione della parola offre un eccellente alibi a coloro che, nell'ambito delle relazioni affettive, propendono per il disimpegno, la provvisorietà o la salvaguardia dei propri privilegi. Si sottraggono al confronto dialettico e a tutti i tentativi di chiarimento e di definizione dei rapporti, lasciando i loro interlocutori disarmati, a vedersela con esasperanti muri di gomma. Legioni di donne, da sempre, si lamentano di non riuscire neppure a litigare con il partner, il quale non accetta la discussione, arrivando persino a ignorare le provocazioni. Tutto è perennemente lasciato in sospeso e le questioni rimangono irrisolte.

D'altra parte, sussiste sempre il rischio che le parole ingannino molto più dell'analogico: possono nascondere meglio il sotterfugio e la menzogna. In effetti, a meno di un rigido controllo sulle proprie emozioni, l'espressione del viso, la postura del corpo, il tono della voce, gli sguardi eloquenti risultano uno specchio piuttosto fedele dei nostri sentimenti e dei nostri stati d'animo. L'analogico, dunque, ci tradisce e ci rende più vulnerabili. Ma, nello stesso tempo, anche più accessibili alla comprensione degli altri.

Ci sono persone che hanno la prerogativa di prendere alla lettera le parole dei loro interlocutori. Sostengono che il messaggio verbale è sempre l'estrinsecazione fedele del pensiero di chi lo emette. Anche se poi il "pentito" lo nega e attribuisce a uno stato d'animo alterato e reattivo le parole pronunciate, respingendo la veridicità dei significati sottesi. È una vecchia diatriba.

Tutte le coppie, prima o poi, sono incappate nella trappola di queste sfiancanti discussioni, da cui sembra impossibile uscire. In realtà, hanno ragione entrambi i contendenti: la contraddizione è, in un certo modo, solo apparente.

Gli esseri umani non sono, se non in casi di rigidità patologica, univoci e monolitici. Vivono comunemente, e a seconda del contesto, l'ambivalenza dei sentimenti, dei toni dell'umore; perfino la dissonanza del pensiero. Capita, perciò, di provare in rapida successione, con la medesima intensità e convinzione, due stati d'animo contrastanti. Sono reali entrambi; ci rappresentano entrambi. Sono espressione della nostra variegata e mutevole natura umana. Non dobbiamo avere troppa paura delle nostre contraddizioni: purché il nostro Io sia solido, la nostra identità non rischia la disgregazione.

Le parole, dunque, possono essere infide o pericolose, e farci rimpiangere il silenzio. E dire che la maggioranza degli individui crede nella veridicità e nell'affidabilità della comunicazione verbale, e la utilizza allo scopo di contenere l'insicurezza emotiva che accompagna facilmente lo scambio relazionale.

La parola è strumento insostituibile in molti contesti (normativo, giuridico, sociale ecc...), al cui interno si è stabilito un codice di comunicazione, contrattando una base di consenso riguardo a simboli e significati comuni. Ma nell'ambito dell'affettività, il verbale non sempre offre garanzie nel senso della comprensione e dell'intesa sentimentale.

È esperienza comune che le parole possano annullare la magia dei momenti di intensa partecipazione emotiva. Tutti abbiamo sperimentato, prima o poi, il timore di guastare, con commenti prosaici o con osservazioni inopportune, una calda atmosfera relazionale di intimità e benessere. Allora, meglio il silenzio.

In ogni caso, c'è silenzio e silenzio. Il silenzio è infatti una forma di comunicazione sempre interpretabile, sempre carica di significati. Anche quando rappresenta un tentativo di troncare lo scambio relazionale. Quanto meno esprime l'ostilità, il rancore, la rabbia, la delusione, il bisogno di risarcimento e ritorsione. Come nel caso dei genitori che intendono, con il ritiro dell'affetto e della parola, punire i figli, colpevolizzarli; piegare le loro resistenze.

Il silenzio dell'esclusione non è meno doloroso di quello del ricatto. È il silenzio dei genitori espulsivi, incapaci di amare, che, attraverso il gelo di rapporti solo apparenti, magari formalmente corretti, comunicano ai figli un senso di abbandono e di rifiuto, che l'assenza di dialogo carica di un'angoscia ancora più profonda.

Esiste, tuttavia, anche un tipo di silenzio fortemente coesivo e pregnante di significati: mi piace chiamarlo "il silenzio dell'ineffabile", di ciò che non si può dire. È il silenzio della commozione che stringe la gola, quando non troviamo parole adeguate per esprimere il nostro stato d'animo, quando siamo travolti dall'urgenza delle nostre emozioni e sopraffatti da sentimenti intensi e gratificanti. Quando è bello assaporare il calore che riesce a trasmetterci l'intima vicinanza delle persone amate o il contatto solitario con la natura. Non serve parlare, per condividere con gli altri o anche solo con noi stessi quello che proviamo. Si tratta di esperienze emotive nelle quali il silenzio fa da collante e da veicolo di scambio con gli altri, oppure da amplificatore degli stati del nostro mondo interiore.

Il silenzio della paura, o piuttosto del panico, non è certo, riguardo all'intensità delle percezioni emotive, meno pregnante di quello appena descritto. In allarmanti situazioni di pericolo, solitamente l'afasia è accompagnata da una "paralisi" motoria, che blocca il movimento e qualsiasi possibilità di fuga rispetto allo stimolo ansiogeno. Una terrificante sensazione di perdita di controllo sul nostro corpo, che non risponde più ai comandi impartiti da quella affollata centrale di smistamento di segnali che è il nostro cervello, può interdire ogni capacità di reazione. Compresa l'emissione della voce, anche solo per piangere o gridare.

Nella vita esistono, dunque, diverse occasioni in cui è particolarmente difficile parlare. Una di queste è quando ci troviamo di fronte alla morte di qualcuno, soprattutto se è qualcuno che amiamo. Eppure, quando si tratta di un evento annunciato, avvertiamo l'urgenza di non sprecare il poco tempo che ci separa dall'ineluttabile, perché il rimpianto del non detto potrebbe tormentarci per sempre. Si vorrebbero chiarire i malintesi, riparare i torti fatti, esprimere la propria gratitudine per i gesti d'amore e i benefici ricevuti. Vorremmo poterci accomiatare senza lasciare conti in sospeso.

Talvolta, però, è più saggio tacere, perché, a causa del nostro bisogno di alleggerirci dei fardelli che ci opprimono il cuore, rischiamo di caricare altri di pesanti zavorre. E tutti avrebbero il diritto di morire in pace.

Quando sono i genitori a morire, i figli tendono a gravarsi di vissuti di colpevolezza. Se sono bambini, corrono il rischio di sentirsi irragionevolmente responsabili di un abbandono percepito come una punizione per colpe immaginarie. Dall'adolescenza in poi, i figli hanno generalmente già alle spalle un passato di conflitti e incomprensioni con i genitori che, in caso di morte prematura di questi ultimi, potrebbe immeritatamente pesare sulla loro coscienza. Ma se il rapporto tra genitore e figlio ha potuto fiorire nell'intesa e nella tolleranza reciproca, prevarrà la gratitudine e un rimpianto intenso, ma privo di asprezze.

A questo proposito, mi piace riportare la testimonianza di Margherita, che ho incontrato in un momento particolarmente critico della sua vita e ho lasciato, dopo qualche mese, pronta a riprendere il suo cammino con rinnovato coraggio. Trovo davvero istruttivo citare l'esperienza di Margherita, perché il lucido resoconto del periodo terminale dell'esistenza di sua madre trasuda amore e gratitudine da ogni parola.

In un quadro deprimente di rapporti fallimentari tra genitori e figli, di penose incomprensioni, di contrasti insanabili, di errori rovinosi su entrambi i fronti, è davvero consolante imbattersi in giovani che possono vantare un solido patrimonio affettivo, ricevuto in dono da genitori competenti, amorevoli e lungimiranti. Questi adulti hanno saputo compiere la mirabile impresa, che peraltro dovrebbe essere l'esito ordinario di ogni progetto educativo, di trasmettere ai propri figli coraggio e fiducia in se stessi e nella vita, promuovendo la loro autonomia personale.

Lascio dunque la parola a Margherita.

Ogni volta che ti guardo, mamma, provo dolore e tenerezza insieme. Anche adesso che stai per morire, ti vedo china sui tuoi libri, come se ancora dovessi preparare un corso per i tuoi studenti. Non ti arrendi mai, neanche ora che potresti concedertelo. Questi lunghi mesi passati a combattere contro la tua malattia e quell'intollerabile senso di impotenza... Li hai vissuti senza disperazione, senza parlare della pena che portavi nel cuore.

Sono sicura che hai voluto preservarmi. Hai voluto con tenacia che almeno io potessi fare una vita normale, visto che a te non era più concesso. Non ne abbiamo mai parlato, ma l'ho capito e sono certa che tu sai che l'ho capito.

Anche se abbiamo sempre avuto un dialogo fitto, in quest'ultimo anno non abbiamo avuto bisogno di tante parole per intenderci e il pudore che solo la sofferenza suggerisce ci ha impedito di sprecarne. E io ho continuato a studiare, a lavorare, a uscire con gli amici, perché tu non avresti tollerato di sottrarmi agli impegni di sempre.

Quando soltanto ti sfiorava il sospetto che io rinunciassi a qualcosa per prendermi cura di te o per farti compagnia, ti sentivo irrigidire in un rifiuto tassativo. Non era un fatto personale, ne sono certa. Non respingevi la mia presenza e apprezzavi la mia intenzione, ma eri irremovibile. "Tranquilla! Posso stare da sola," dicevi, "e poi c'è tuo padre."

Chissà perché ho sempre fatto così fatica a tenere conto della sua presenza. Come se fosse superflua. Anche adesso che fisicamente la più fragile sei tu, non riesco a vedere mio padre come la figura forte della coppia. Continuo a vedere te che avanzi con passo fermo e braccia protettive e lui che ti si aggrappa timoroso e cerca il tuo sguardo rassicurante. Strani scherzi fa l'amore. Mi sono sempre stupita che tu abbia potuto innamorarti di un uomo così diverso da te. Ne abbiamo anche parlato: tu, con l'aria saggia di chi conosce bene il complesso mondo dei sentimenti, hai corretto il significato che io davo al termine "diversità" riferito a mio padre. "Diversità," hai detto, "non inferiorità. La diversità arricchisce e colma i vuoti che ciascuno di noi porta nel cuore." Cercherò di ricordarlo, mamma, per non portare rancore a mio padre e non imputargli il torto di esserti sopravvissuto.

Eri sola quel giorno, faccia a faccia con il medico che, a conclusione degli accertamenti, ti annunciava il terribile responso. Ci hai ingannati tutti, mentendo sulla data dell'appuntamento, perché in cuor tuo eri già certa di conoscere la tua sorte e avevi deciso di andare incontro alla morte da sola.

Te l'ho sentito ripetere tante volte che di fronte alla morte siamo soli: neanche l'amore di quelli che ci amano ci può preservare. Hai sempre detto che la morte è il momento della verità: non dobbiamo temerlo, ma affrontarlo con la stessa solennità con la quale andiamo incontro alla vita che nasce.

Dunque, hai voluto essere sola nel momento in cui ti descrivevano il calvario che ti aspettava. E sono certa che tu hai preteso che te lo descrivessero senza risparmiarti nulla. Hai aspettato un giorno prima di comunicarcelo. Credo che tu abbia voluto scegliere con cura il modo e le parole. Non è stata una comunicazione ufficiale. Quella sera dopo cena, fra un discorso e l'altro hai rivelato a papà e a me, con una calma che mi è parsa irreale, che in capo a un anno ci avresti lasciati. "Ho tempo di prepararmi," hai detto, "di sistemare le mie cose e di chiudere il cerchio. Non voglio che cambi nulla: ognuno faccia la sua vita." Poi, hai cambiato discorso.

A botta calda ti ho trovato troppo dura. Ho pensato: sei di ghiaccio, mamma? Mi dici che stai morendo e pretendi che la vita continui a essere normale? Ma ora, guardandomi indietro, mi rendo conto che tu l'hai reso possibile. Hai reso possibile una vita quasi normale, almeno per me. Hai preteso che io non cambiassi impegni, orari e abitudini e, del resto, fino a poco tempo fa, tu stessa l'hai fatto, ai limiti dell'impossibile.

Mi rendo conto del significato del tuo atteggiamento: è amore per la vita, anche quando è ridotta a brandelli. Neppure un attimo va sprecato. Del resto, il tuo amore per la vita si è sempre espresso anche in forme che una volta mi sembravano assurde, ma ora mi appaiono illuminanti. Ti ricordi quante volte sei accorsa ai miei patetici richiami alla vista di un ragno e tu, dopo averlo raccolto con cura, lo depositavi fuori dalla finestra? Io pretendevo che tu lo uccidessi, ma tu rifiutavi con determinazione di accontentarmi. Oppure, stavi attenta a non calpestare le processioni di formiche che attraversavano i sentieri delle nostre camminate in montagna. Solo tu potevi preoccuparti della vita di un ragno o di una formica.

Adesso, mi lascerai sola con papà. È quasi peggio che essere sola. Non lo dico con ostilità: non provo avversione, solo imbarazzo. Cosa gli dirò, mamma, quando non ci sarai più tu? Di che cosa potremmo parlare, lui e io? Solo tu riesci a farlo parlare; con gli altri, me compresa, è così distante e taciturno... Tu sei tutto il suo mondo: come potrò consolarlo della tua perdita?

Nonostante i tuoi sforzi, lo vedo già disperato. Lo vedo dai suoi occhi smarriti, dai suoi silenzi ancora più ostinati, dalla piega amara della sua bocca. Io, a differenza di lui, provo dolore senza disperazione perché tu mi hai "costretta" ad amare la vita, malgrado tutto.

Ho cercato di immaginarmi il dopo, quando non ci sarai più, quando non ti ritroverò più la sera al mio ritorno. La casa sarà silenziosa, mio padre invecchiato dietro il suo giornale, la tua voce ancora sospesa nell'aria. Per quanto tempo sentirò ancora la tua voce?

Eppure, più che parlare, sai ascoltare. Mi ascolti meravigliosamente ancora adesso senza lasciarti distrarre dal pensiero della morte. Perché per te io sono sempre venuta prima di ogni altra cosa.

Ricordo bene quando, alle elementari, tornavo a casa con la mia collezione di notizie. Le ripassavo mentalmente durante il viaggio di ritorno dalla scuola, pregustando il piacere di trovarti sempre pronta a consolarmi, a rassicurarmi, a rallegrarti con me per i miei successi. E con il passare degli anni il piacere di condividere con te il carico delle mie giornate non è mai venuto meno.

Tu avevi organizzato i tuoi orari di lavoro in funzione delle mie esigenze, anche se non hai mai rinunciato ai tuoi interessi e alla tua professione. Sono sempre stata orgogliosa di te: eri diversa dalle altre madri che conoscevo e io sapevo che le mie amiche mi invidiavano. Quello che a me sembrava così normale era per loro una scoperta: si poteva parlare liberamente anche con un adulto, senza la paura di non essere capiti, senza i filtri e le barriere che separano il mondo dei figli da quello dei genitori.

Questo dialogo ininterrotto è quello che di te mi mancherà maggiormente. Non esiste argomento che non abbiamo toccato, ma tu hai sempre lasciato a me l'iniziativa di affrontare quelli più personali e riservati. Non sei stata mai indiscreta, mai intrusiva.

Posso dire di non aver avuto segreti per te: se di qualcosa non ti ho parlato è stato perché non ce n'era bisogno. Sapevo che tu intuivi anche quello che non traducevo in parole, non per difendermi da te (non mi hai mai fatto sentire in pericolo), ma per quel senso di pudore che ci coglie inaspettatamente quando ci scopriamo donne, ormai cresciute. È allora che, come tu mi hai insegnato, sentiamo con una punta di esaltazione e un pizzico di dolore l'ineluttabile destino di solitudine che ci aspetta tutti indistintamente: almeno uno scampolo della nostra vita appartiene solo a noi e a nessun altro. Ma, adesso che ci resta poco tempo, vorrei dividere con te anche quello e non so da dove cominciare.

Vorrei dirti che ho paura. E se la mia energia e la mia intraprendenza nell'affrontare la vita tu le portassi via con te? Forse il mio non è vero coraggio, o non mi appartiene. Forse è sempre stato il riflesso del tuo e io mi sono sentita forte semplicemente perché mi specchiavo in te, nella tua forza d'animo. Lo so che tu non saresti d'accordo, perché tu hai sempre creduto che me la sarei cavata da sola, in ogni circostanza.

Ricordo il giorno in cui mi sono laureata: è passato solamente un anno e già mi sembra un tempo lontano. Tu mi hai detto: "Adesso sei pronta; vai e buttati nella mischia". Mi sono sentita invulnerabile. Poi abbiamo gioito insieme per il primo lavoro e, ora che è arrivato questo inaspettato avanzamento nella mia carriera professionale, non riesco a godermelo. Tu invece sì, tu sai ancora gioire per me, e non soltanto quando i farmaci ti procurano una tregua dai dolori lancinanti; anche quando stai male e sei costretta, tuo malgrado, a soccombere alle sofferenze di questo cancro ormai allo stadio terminale. Sentirò troppo la tua mancanza, mamma.

A un tratto, mentre sto scrivendo, mi ritrovo a pensare che è la prima volta che lo faccio con te. Abbiamo sempre comunicato direttamente, qualche volta per telefono, ma comunque a voce. Perché l'ho fatto? Non so neanche se ti farò mai leggere questi miei pensieri perché adesso sento io il bisogno di preservarti e non posso scaricare su di te il mio dolore e le mie paure. Ora devi stare tranquilla, senza la preoccupazione di farti carico di una figlia che ancora cerca appoggio e conforto in te, anche adesso che stai per morire e avresti diritto di pensare solo a te stessa. Del resto, in questa lettera non c'è nulla che tu non sappia già.

Ormai siamo agli sgoccioli, non mi faccio illusioni. La tua crisi di oggi, così acuta e dolorosa, non lascia dubbi. Lo sappiamo tutt'e due, o meglio, tutti e tre. Bisogna proprio che cominci a tenere conto anche di papà. Non mi hai mai chiesto di prendermi cura di lui, dopo, quando non ci sarai più. Eppure adesso capisco che c'è un compito che mi aspetta: rivalutare mio padre, imparare a conoscerlo e ad amarlo. Forse scoprirò delle qualità nascoste che solo tu hai saputo vedere e apprezzare in lui. In fondo, tu mi hai insegnato che la vita non finisce mai di sorprenderci. E allora bisogna che mi prepari a lasciarmi sorprendere.

Mio padre. Non lo conosco, me ne rendo conto. Quello che so di lui me l'hai raccontato tu, sempre con un ri-

spetto e un affetto che, per quanto a me potessero sembrare incomprensibili, percepivo sinceri. Ti sei sempre fatta carico di tradurre per me i suoi silenzi, il suo riserbo, il suo impaccio, perché non li confondessi con avversione o, peggio, indifferenza nei miei confronti.

Mi hai parlato della sua adolescenza difficile, vissuta in una famiglia carica di lutti e di rancori: un'adolescenza così diversa dalla mia... Forse avrei dovuto capirlo prima e tendergli una mano. Avrei potuto fargli sentire che lo accettavo così com'era, senza che dovesse fare uno sforzo sovrumano per tentare di cambiare quello che di noi non si può cambiare, perché a volte la vita, scorrendo impietosa, lascia tracce indelebili.

Ma sono ancora in tempo; non è vero, mamma? Tu mi hai fatto vedere come si fa e i risultati sono innegabili. O almeno lo sono stati fino a che non ti sei ammalata. È a quel punto che papà è crollato: non l'ho più visto sorridere nemmeno con te e nemmeno tu riesci più a farlo parlare. Ti guarda smarrito come se fosse lui il condannato a morte.

Tu esorti anche lui a continuare la vita di sempre, ma con lui sei più indulgente che con me: gli permetti di starti vicino tutto il tempo che non dedica al lavoro. Io lo capisco: sappiamo tutt'e due, tu e io, che io sono più forte mentre lui avrà bisogno di tutti i ricordi che riuscirà a collezionare per poterti sopravvivere. È convinto che la sua vita finirà con te, l'unica persona che l'ha accolto, capito e amato per quello che è.

Ma forse io farò ancora in tempo a cambiare il suo destino, adesso che sono diventata consapevole. Non ne faccio una missione, non preoccuparti. So che l'idea ti terrorizzerebbe e terrorizza anche me. Non intendo dedicare la mia vita a papà, per consolarlo e tentare di risarcirlo. So che non sarebbe giusto, né per me né per lui, che deve comunque trovare in se stesso un minimo di risorse per continuare a vivere. Quello di vivere è un compito che nessuno di noi può delegare a nessun altro, ma un compagno di viaggio può essere di grande utilità.

Questo intendo diventare per papà: una compagna di viaggio più attenta e curiosa di scoprire le prerogative di un affetto che tutti e due abbiamo sempre dato, forse troppo frettolosamente, per scontato. Un legame d'amore si costruisce nella consuetudine e nella costanza di uno scambio ininterrotto, fatto di confidenza, di dialogo, di premure e di gesti quotidiani. Come è avvenuto per te e per me.

Adesso puoi morire tranquilla, mamma. Adesso che sei riuscita a compiere anche quest'ultimo prodigio: riavvicinarmi a mio padre.

La riconoscenza è generalmente, nei figli, un sentimento piuttosto tardivo. Ed è logico che sia così. Prima di giungere allo stadio della maturità, che consente una valutazione più equilibrata del ruolo dei genitori e del significato dei loro interventi educativi, la facoltà di giudizio dei figli risulta necessariamente parziale. Per tutta l'adolescenza e la prima giovinezza, le inadempienze dei genitori, poste in primo piano e sotto la lente di ingrandimento, appaiono in tutta la loro sofferta evidenza. Torti e ingiustizie subiti, errori e contraddizioni, carenza di conferme affettive sono i temi che ricorrono più frequentemente nelle accuse rivolte agli adulti da parte dei figli.

Viceversa, tutto ciò che funziona viene dato per scontato. Genitori autorevoli e competenti non fanno notizia, non meritano menzione. In effetti, i ragazzi non hanno torto: questa dovrebbe essere la norma.

In ogni caso, la riconoscenza non può essere imposta, come pretendono di fare molti genitori. La consapevolezza di aver svolto il proprio compito al meglio dovrebbe bastare. Del resto, non è quello che tutti gli educatori del mondo vanno instancabilmente predicando ai loro discepoli renitenti?

Quando, invece, la gratitudine nasce spontanea da un ripensamento tardivo, ma non per questo inefficace, i figli cresciuti sentono quasi tutti l'urgenza di esprimerla. E cercano modi e parole per farlo. Ciò significa che sono finalmente entrati nella dimensione della reciprocità, superando l'approccio infantile alla realtà, in cui l'accento è posto sulla funzione dell'avere e, poco o nulla, del dare. Questi figli hanno raggiunto la consapevolezza di un patrimonio affettivo ricevuto in dono da genitori realmente capaci di amore e abnegazione, che, in cambio, non hanno avanzato pretese né imposto ricatti morali.

Non esiste contesto di apprendimento più potente, per imparare ad amare, di una relazione affettiva in cui gli adulti non reclamino il saldo di onerosi debiti di riconoscenza contratti dai figli. Solo allora, quasi paradossalmente, potrà fiorire nei giovani un moto spontaneo di gratitudine e tenerezza, che troverà, prima o poi, un efficace canale di espressione.

3.

La fiducia e il tradimento

Il peso del tradimento

Il tema della fiducia è ricorrente nei colloqui con le famiglie e i loro singoli membri. In generale, genitori e figli, sia pure schierati su versanti necessariamente contrapposti, appaiono molto sensibili alle reciproche promesse e dichiarazioni di intenti, alle reciproche infedeltà e inadempienze. Tuttavia, conviene rimarcare distinzioni sostanziali.

Che i figli tradiscano la fiducia dei genitori fa parte delle regole del gioco della contrattazione fra le generazioni che si instaura a partire dall'infanzia; un gioco che diventa particolarmente impegnativo nel corso dell'adolescenza. Spesso, si trasforma in una vera e propria guerra. I genitori tentano di pianificare la vita dei figli, di stabilire regole e divieti, e si aspettano che le loro direttive vengano rispettate. A ogni trasgressione minacciano i figli di ritirare loro la fiducia e li sollecitano continuamente a dare prova di affidabilità e sincerità per non comprometterla irreparabilmente.

In generale, bambini e adolescenti sono molto suscettibili alle accuse di tradimento della fiducia dei genitori. Si tratta di accuse che feriscono nel profondo. Ovviamente, tanto più se sono ingiustificate. Perché, comunque, mettono in dubbio la maturità dei ragazzi e la serietà delle loro intenzioni. Molto spesso, invece, le trasgressioni dei figli non sono frutto di malafede e premeditazione. Nascono da difficoltà impreviste, da impedimenti contingenti, che inducono alla violazione dei patti e alla inadempienza delle promesse.

Un esempio classico riguarda il rispetto degli orari per il rientro a casa. A tale proposito, raccolgo spesso le lamentele e le rimostranze dei ragazzi. Non è infrequente, infatti, che le loro uscite si carichino di ansia eccessiva, per la paura di non essere in grado di rispettare una puntualità che i genitori intendono troppo rigidamente. Essenzialmente a causa di problemi organizzativi: difficoltà di coordinamento con i programmi degli amici, adeguamento agli orari dei locali pubblici e dei mezzi di trasporto.

È chiaro che, se le trasgressioni temporali ricorrono con una frequenza significativa, converrà ricontrattare gli orari imposti, per trovare un'accettabile soluzione di compromesso. I genitori non possono ignorare i fattori di contesto che ostacolano realisticamente il rispetto delle loro disposizioni da parte dei figli.

In ogni caso, le diatribe tra genitori e figli sul tema della fiducia si innestano su un equivoco di fondo che vale la pena chiarire a se stessi e ai propri figli.

La protesta giovanile rivolta ai genitori: "Ma allora non ti fidi di me..." è una delle più ricorrenti negli anni dell'adolescenza. Dobbiamo ammetterlo: nella maggior parte dei casi, i genitori non si fidano proprio dei figli, ma si preoccupano di non esplicitarlo, timorosi di offendere la loro suscettibilità. Come sempre, la mistificazione non paga: i genitori, attraverso la loro inquietudine e l'assillante bisogno di controllo, lasciano chiaramente trasparire la scarsa fiducia circa la conformità delle risposte dei figli alle loro aspettative.

Dunque, sarebbe meglio ammettere di non fidarsi, specificando però che i dubbi e le paure non riguardano tanto le intenzioni e i propositi dei figli, quanto le fragili fondamenta della loro giovane età. L'ingenuità e l'inesperienza abbattono drasticamente la capacità di affrontare gli imprevisti, di resistere alle tentazioni e, soprattutto, di sfuggire ai rischi e ai danni conseguenti. È un argomento un po' troppo razionale, lo ammetto; ma vale la pena tentarne l'utilizzo, invitando i ragazzi a non sentirsi squalificati sul piano personale. In molti casi funziona.

La fiducia dei genitori dovrebbe, comunque, essere ripristinata ogni volta che i figli mostrino di aver colto il senso delle loro prescrizioni e dei loro richiami: il loro apprezzabile intento protettivo. Non c'è nulla che non possiamo perdonare ai nostri figli. Soprattutto negli anni dell'infanzia e dell'adolescenza, quando la precarietà della loro acerba esperienza li rende insicuri, vulnerabili e fatalmente predisposti a infrazioni e mancanze. Proprio a causa di queste premesse, tradire la fiducia dei genitori è, prima o poi, pressoché inevitabile. Tutto sta a sfruttare gli errori e le inadempienze dei figli come ordinarie occasioni propizie di addestramento alla vita.

Il tema del tradimento diventa, invece, particolarmente drammatico quando sono gli adulti a venir meno al dovere di conservare e coltivare la fiducia che i ragazzi tendono spontaneamente a concedere agli adulti non appena percepiscono un investimento affettivo sulla loro persona. Una volta incrinata la fiducia, è difficile recuperare credibilità e prestigio. Talvolta, addirittura impossibile.

Tutti i piccoli sono per natura fiduciosi, non solo in relazione agli adulti. Anche nell'ambito dell'amicizia con i coetanei, bambini e adolescenti sanno essere a un tempo fedeli e fiduciosi. Tengono molto alla costanza degli affetti e alle "prove" di fedeltà: dimostrazioni dell'intensità del reciproco coinvolgimento emotivo e dell'impegno con cui coltivano i rapporti significativi della loro vita. Pertanto, hanno bisogno di credere alla sincerità delle parole e delle intenzioni delle persone che amano e dalle quali si aspettano di essere ricambiati.

Dunque, nonostante l'incoerenza del pensiero e l'instabilità del comportamento imputabili alla loro personalità immatura, i soggetti più giovani sono estremamente sensibili al tema della lealtà e della fiducia. Quando si sono affettivamente coinvolti, tendono a impegnarsi nella relazione con grande fervore e serietà.

L'incostanza di cui spesso vengono accusati dagli adulti riguarda, eventualmente, la discontinuità della condotta e l'evanescenza dei propositi, non tanto l'intensità e la sincerità dei loro sentimenti. Dai loro interlocutori, e dagli adulti in particolare, si aspettano analoga partecipazione emotiva e medesima costanza di affetti. E gli adulti dovrebbero fare attenzione a non deluderli.

A questo proposito, risulta doveroso un accenno ai casi di grave conflittualità di coppia, in cui padri o madri chiedono espressamente ai figli di tradire l'altro genitore. È uno di quegli errori degli adulti che si possono definire, senza timore di esagerare, imperdonabili. Mi riferisco a individui irresponsabili, che sollecitano, attraverso improbabili vittimismi e ricatti affettivi, l'alleanza e la complicità dei figli e li trascinano in deplorevoli iniziative ai danni dell'altro genitore.

Lo scopo di sabotare l'odiato nemico diventa una priorità assoluta, che fa perdere di vista l'obbligo della tutela dei minori e il rispetto dei loro sentimenti. Soprattutto, viene misconosciuta la profonda lacerazione interiore dei figli, determinata dal bisogno di non tradire né l'uno né l'altro genitore e dall'impossibilità di rispettare questa comprensibile esigenza.

Chi ha esperienza di consulenze specialistiche per i casi di separazione conosce bene questa triste realtà. È prassi corrente che l'ostilità di uno, o di entrambi i genitori, nei confronti del coniuge passi in modo prevalente attraverso il coinvolgimento strumentale dei figli, che difficilmente sono in grado di sottrarsi al ruolo rovinoso di complici forzati.

Beatrice è, in questo senso, depositaria di una storia esemplare: è una figlia che ha vissuto sulla sua pelle un conflitto interiore devastante. Ormai è una giovane donna sposata, che sembra essersi finalmente riconciliata con se stessa. Ha sperimentato drammaticamente e ripetutamente l'infedeltà di una madre che ha sempre privilegiato, a scapito delle figlie, il proprio bisogno infantile di affermazione narcisistica nel rapporto con uomini altrettanto immaturi e inaffidabili. Una girandola continua di amanti, perlopiù occasionali, ha indotto questa donna alla fuga dai suoi doveri di moglie e, soprattutto, di madre. Il suo comportamento irresponsabile ha portato alla disintegrazione della famiglia, ma, quel che è peggio, ha annientato irreparabilmente la fiducia e l'attaccamento delle figlie.

Beatrice, utilizzata senza scrupoli dalla propria madre per ottenere un atto di accusa contro il marito, ha convissuto per molti anni con un acuto senso di colpa nei confronti del padre, attribuendosi una responsabilità assolutamente infondata.

Soltanto in età adulta, al momento di lasciare la casa paterna, Beatrice è riuscita a liberarsi del ricordo angoscioso del suo involontario gesto di complicità con la madre, vissuto come tradimento rivolto a un padre che, al contrario della moglie, meritava soltanto affetto e riconoscenza. Parlarne con il padre ha finalmente stemperato i sentimenti di infedeltà e colpevolezza che hanno angustiato il cuore di Beatrice per tutta l'adolescenza e la prima giovinezza. Dunque, sia pur tardivamente, la sua storia ha conosciuto una felice conclusione che a molti altri figli non è concessa.

Beatrice ha affidato al computer la rivelazione al padre del suo tormento.

Ieri mia madre ha varcato il limite. Mancare il giorno della mia laurea! Passi per i compleanni ignorati, per i giorni di Natale e di Pasqua in giro per il mondo con l'uomo di turno, ma tutti i genitori degni di tale nome sarebbero orgogliosi di presenziare alla discussione della tesi dei loro figli. Tu, infatti, lo eri visibilmente.

La mia pazienza si è definitivamente esaurita. Stamattina ho acceso il computer determinata a vomitarle addosso, una volta per tutte, la rabbia e la delusione accumulate nel corso di tanti anni, da quando se n'è andata per rincorrere i suoi sogni di donna fragile come un'adolescente.

Invece, sto scrivendo a te, papà. Mi sembra più giusto così, perché sei tu che ci hai fatto da madre al posto suo. E sei stato una madre tenera e premurosa. Scrivere a lei sarebbe tempo sprecato: non capirebbe. Troppo egocentrica, troppo distratta. Incapace di amare.

Del giorno in cui ci ha lasciato conservo un ricordo sempre vivo, anche se avevo solo otto anni. Mi chiedo co-

me abbia potuto, non tanto fare quello che ha fatto, quanto farlo in quel modo. A me e a Laura lo ha annunciato quasi fosse un comunicato stampa: se ne sarebbe andata a vivere con "come diavolo si chiamava", sicura che noi saremmo state bene con te. Non sembrava per nulla dispiaciuta; anzi, era garrula e frettolosa come sempre. Laura non aveva neanche capito bene il senso del suo discorso: gliel'ho dovuto spiegare io dopo, quando è arrivata la nonna e lei ha caricato il bagaglio sull'auto ed è partita. Quando tu sei rientrato a casa la sera hai cercato di rimediare all'impazienza di nostra madre; hai cercato di giustificarla ai nostri occhi con parole pacate, ma si capiva che quest'opera di rassicurazione ti costava un grande sforzo. Dopo "come diavolo si chiamava" sulla scena ne sono apparsi altri, tutti uguali: futili comparse destinate a far risaltare l'immagine della primadonna. Io non li sopportavo. Nostra madre, nonostante le tue proteste e i nostri musi lunghi, si ostinava a imporci la loro presenza durante le ore che passavamo con lei.

Quando, crescendo, ci siamo rifiutate di continuare ad andare a casa sua, non si è neppure risentita. Credo si sia tolta un peso. Qualche telefonata, qualche invito al ristorante e la netta sensazione di estraneità dalla sua vita sono tutto ciò che ci è rimasto della sua presenza. Credo di poter parlare anche a nome di Laura che, forse, è addirittura un giudice più severo di me riguardo a nostra madre e la più accanita delle tue fan. A te Laura è legata da un affetto quasi morboso che ha suscitato spesso la mia gelosia. Comprensibile, del resto: non abbiamo avuto che te e ci siamo contese il tuo amore e le tue attenzioni, pur senza diventare nemiche. Segno che tu hai comunque saputo distribuire bene la tua sollecitudine e il tuo affetto.

Mi sono chiesta molte volte se tu non abbia mai avuto una donna dopo l'abbandono della mamma, ma credo di no: ce ne saremmo accorte. Tutto il tempo libero dal lavoro l'hai dedicato a noi, proprio come una buona madre. Non perdevi un consiglio di classe, ci accompagnavi alle lezioni di nuoto, ci portavi in vacanza. I nostri compagni ci chiedevano con curiosità le ragioni della tua assidua presenza e dell'assenza di nostra madre. Noi un po' ci scher-

mivamo, un po' ci inorgoglivamo per la tua diversità rispetto agli altri padri. Tu portavi il peso di questa diversità con una perseveranza e una disinvoltura ammirevoli, come se fossi nato per fare proprio la madre.

La nonna non capiva questa tua massiccia presenza nella nostra vita e la tua pretesa di bastarci da solo. Si era offerta da subito di colmare il vuoto lasciato da nostra madre, ma tu hai sempre drasticamente limitato il suo raggio d'azione. Credo tu abbia avuto ragione: crescere affidate alla nonna ci avrebbe fatte sentire orfane. Noi tre, invece, siamo stati una bella famiglia. Ormai devo parlare al passato, visto che dalla prossima settimana mi trasferirò a Genova per il mio primo lavoro. Questo pensiero mi procura una buona dose di ansia, non solo perché vi devo lasciare, ma anche perché Laura ti avrà tutto per sé. Non posso fare a meno di pensare che lei sia fortunata a essere la minore: potrà godere ancora per un po' della tua rassicurante vicinanza. Forse non sono ancora matura per l'autonomia; forse ho paura di perdere anche te, come ho perso mia madre. Mi correggo: mia madre non l'ho mai avuta.

Ci sono stati dei momenti, lo devo ammettere, in cui ho sentito la mancanza di una madre; non della mia, ovviamente. Era più la mancanza di una figura femminile che potesse aiutarmi ad affrontare le mie prime esperienze con i ragazzi. Come potevo, papà, parlarti dei primi tuffi al cuore, della trepidazione che accompagnava i preparativi dei miei primi appuntamenti? Sono certa che tu avresti accettato di parlarne, ma io ero un'adolescente imbarazzata di fronte al risveglio di sensazioni elettrizzanti e al turbamento di emozioni sconosciute.

Laura ha avuto me, che, dall'alto della mia esperienza (si fa per dire...) di sorella maggiore, le ho aperto la strada e ho potuto guidare i suoi passi. In ogni caso, lei ha sempre avuto una grande confidenza anche con te e non si vergognava di farti partecipe della sua intimità. Io, da una certa età in poi, ho cominciato a vedere in te l'uomo, oltre che il padre, e questo, in diverse occasioni, mi ha trattenuta dal confidarti pensieri e turbamenti della mia vita affettiva.

Eppure, le poche volte che l'ho fatto, la tua reazione è stata di comprensione, mai di pregiudizio e di condanna.

In quelle rare circostanze, sapevi ascoltare con religiosa concentrazione, sordo al telefono che squillava (non ricordo che tu abbia mai interrotto una conversazione importante con noi figlie per rispondere al telefono). Rifletteví per un po', lasciando spazio a un magico silenzio che preparava le parole giuste. Senza fretta, né inquietudine. Nei tuoi discorsi c'era calma e sollecitudine insieme; mai collera o riprovazione.

La gratitudine che provo per te, che mi ha invaso soprattutto ieri, alla fine della discussione della mia tesi di laurea, accompagnata da un profondo sollievo che ha sciolto il grumo di ansia delle ultime settimane, ha fatto riemergere un rimorso mai sopito. Non ne abbiamo mai parlato, ma ora non posso andarmene via da casa senza la certezza del tuo perdono. Probabilmente, sai bene a che cosa mi riferisco. Non sono mai riuscita a pensarci senza che un dolore sordo mi lacerasse l'anima. E Dio sa quante volte ci ho pensato, vergognandomi per il mio tradimento.

Voglio che tu ora me lo dica sinceramente, se ti sei sentito tradito. Lo so che avevo solo otto anni, lo so che mia madre mi ha circuita... È andata davvero così, papà? Raccontami com'è andata veramente. Parliamone, ne ho bisogno. Non mi pare di avere ricordi confusi, ma vorrei una conferma da te.

Tu certamente non sapevi che la mamma intendeva farmi testimoniare contro di te. È stata una mossa a sorpresa che deve averti spiazzato. Lei mi ha istruito per giorni e giorni, mostrandomi lividi probabilmente inesistenti, per convincermi, perché riferissi all'avvocato che tu la picchiavi. In realtà, tutto quello che io potevo aver visto e che ancora ricordo con angoscia, durante uno dei vostri litigi, era qualche strattonamento da parte tua e reazioni molto aggressive da parte sua, che si concludevano invariabilmente con i suoi "svenimenti".

Ripensandoci adesso, con la mia lucidità di adulta, credo che lei fosse abile a provocarti per recitare poi la parte della vittima inerme, percossa e gettata a terra dalla tua presunta violenza. Scene da donna isterica o da attrice consumata, qual è sempre stata. Neanche fosse Eleonora Duse...

Mi ha fatto scrivere quella testimonianza contro di te su un foglio del mio quaderno a quadretti, da mostrare all'avvocato, per giustificare il suo allontanamento da casa. A quel tempo, non credo di aver capito il significato preciso della richiesta della mamma, ma "sentivo" che era una manovra sporca che ti avrebbe danneggiato. È proprio il ricordo di questa percezione chiara che mi tormenta.

In tutti questi anni mi sono chiesta spesso come ho fatto a non oppormi. Avrei potuto informarti e tu mi avresti protetta. Invece ho taciuto, complice dell'inganno e chiusa nella mia vergogna. Quel giorno sono corsa a nascondermi all'ombra del cespuglio di biancospino: mi sono stesa sull'erba e ho pianto, ho pianto tutte le mie lacrime. Mi sentivo una reproba in castigo, degna delle peggiori sanzioni.

Nessuno è venuto a cercarmi. Poi, è scesa la sera e la paura del buio mi ha risospinta in casa. Laura stava con la nonna. Entrambe erano convinte che io fossi da Elena, perché così aveva riferito loro nostra madre prima di uscire (suppongo per andare a consegnare al suo avvocato la mia infamante testimonianza). Che cosa poteva averle fatto pensare che fossi a casa di Elena? Non c'ero mai andata senza avvertire. Io ero improvvisamente sparita e lei non si era nemmeno domandata che cosa potesse essermi accaduto. Non si era accorta del mio turbamento, distratta come sempre, tutta presa dai suoi maneggi. Ormai non le servivo più: semplicemente, non esistevo più per lei. Alla nonna aveva dato una risposta casuale, senza rifletterci.

Al tuo ritorno a casa quella sera, io non osavo guardarti. Tu ci hai cercate, come sempre, per farti raccontare della scuola e della nostra giornata. Era il momento più bello quell'ora che tu ci dedicavi al tuo rientro. Per noi figlie avevi sempre in serbo qualche diversivo: un gioco, un libro avventuroso, una storia fantastica, che ci trasportavano in una dimensione immaginaria, lontana mille miglia dalla nostra deludente realtà di bambine con i genitori in guerra.

Ma, quella sera, io ti sfuggivo. Ricordo di aver detto, sotto il tuo sguardo indagatore, che avevo mal di testa. Avevo già imparato a mentire con le menzogne tipiche degli adulti. Probabilmente non sono riuscita a mangiare: questo particolare mi sfugge. Ma suppongo che già da allora lo stomaco mi si chiudesse come in una morsa, ogni volta che l'ansia mi attanagliava. Proprio come adesso, nonostante abbia acquisito una certa dimestichezza nel controllo delle mie emozioni. L'ansia mi spiazza sempre.

Sono trascorsi quindici anni da quella sera. Il tempo ha rimarginato in parte la ferita, ma il rimorso nei tuoi confronti è rimasto intatto. A mia madre ho rinfacciato più volte la sua bieca manipolazione, senza alcun risultato. Non intende ragioni, non ha la pazienza di ascoltare. Oggi, come allora, la vittima è lei. Con te, in tanti anni, non sono mai riuscita ad affrontare l'argomento. Tu non hai mai fatto un accenno a quell'episodio doloroso.

Devo dire che il tuo atteggiamento nei miei confronti non è mai cambiato. Segno forse che hai perdonato la mia fragilità di bambina spaventata, coinvolta nell'attacco sferrato da mia madre ai tuoi danni, ultimo atto di un conflitto che lei ha voluto mortale. Però, ho bisogno di sentirtelo dire: forse una tua parola di perdono potrà fugare i miei sensi di colpa.

Poco fa sei entrato silenzioso nello studio, ti sei avvicinato alle mie spalle e hai gettato uno sguardo sorpreso al computer. Mi hai chiesto divertito a che cosa stavo ancora lavorando, il giorno dopo la discussione della mia tesi di laurea. Istintivamente ho tentato di coprire lo schermo, come se mi fossi sentita colta in fallo. Ti sei allontanato in fretta, rispettoso come sempre del mio riserbo. Ma, ripensandoci, è forse proprio questa l'occasione che stavo cercando. Ne approfitterò.

Ti chiamerò e ti farò sedere al posto mio, davanti allo schermo. Ti lascerò solo; non avrò il coraggio di guardarti mentre leggi. Credo che anche tu abbia il diritto di vivere in privato le tue emozioni. Aspetterò che tu venga a cercarmi, se ne avrai voglia, per sciogliere quest'ultimo nodo che ancora mi lega a un passato angoscioso che tutti e due, credo, vogliamo relegare definitivamente nella memoria, senza che ritorni più a provocarci dolorosi sussulti. Ti voglio bene, papà. Qualunque sia la tua reazione alla mia lettera.

Il padre di Beatrice ha reagito con la sollecitudine di sempre alla richiesta della figlia. Ha voluto prontamente dissipare i suoi dubbi e rassicurarla dell'infondatezza dei suoi sensi di colpa. Nessuna imputazione poteva riguardare una bambina di otto anni, strumentalizzata da una madre irresponsabile. Si è inoltre rammaricato di non aver affrontato per primo l'argomento, ma aveva sempre temuto di risvegliare ricordi che sperava sopiti.

Dunque, questo padre non ha smentito, neppure in quell'occasione, la costanza dei suoi sentimenti e la fedeltà a un ruolo genitoriale caldo e supportante. A differenza della madre, che ha sempre sistematicamente frustrato il bisogno di attaccamento delle figlie e tradito la loro fiducia. Con una leggerezza e un'insensibilità davvero sconcertanti.

Come accade spesso, a mano a mano che l'avanzare dell'età e la nostalgia dei figli, in passato trascurati e calpestati, spinge al tentativo di recupero del rapporto, anche la madre di Beatrice, dopo molti anni, ha cominciato a richiamare le figlie, a sollecitare la loro presenza e a reclamare il loro affetto. Per questa ragione, e per gli impulsi ambivalenti che hanno preso a tormentarla, Beatrice è venuta in terapia.

Con la propria madre, il recupero del rapporto ha potuto essere soltanto formale, tanto risultava irreparabilmente compromesso. Troppi anni di tradimenti e di abbandono avevano lasciato un segno indelebile. L'intimità e la confidenza non si possono improvvisare. Devono essere coltivate amorevolmente giorno dopo giorno, con il cuore aperto all'accoglienza e al perdono.

Il crollo della fiducia

Riuscire a non tradire mai le aspettative dei figli è senza dubbio una di quelle imprese che si possono definire disperate. Credo che nessun genitore sia completamente esente da questo rischio e dall'evenienza, sia pure involontaria, di sbagliare. Ma, come ho già avuto modo di anticipare, gli errori occasionali, riconosciuti e possibilmente rimediati, non portano alla perdita della fiducia da parte dei figli, i quali possono trarre utili insegnamenti anche dalla fallibilità degli adulti.

Imparano, innanzitutto, che l'imperfezione è un tratto insopprimibile della natura umana. Nemmeno l'amore è un antidoto sufficientemente potente da annullare l'istinto maligno (a volte è soltanto paura...) che ci spinge a ingannare, deludere e ferire i sentimenti degli altri: siano essi genitori o figli, coniugi o amanti. Tuttavia, possiamo sempre recuperare la nostra integrità morale: possiamo pentirci e rimediare, scusarci ed essere perdonati.

In fondo, la sincerità e la correttezza qualificano una condotta equilibrata e flessibile, invece che un'improbabile infallibilità di comportamento. Sono il risultato di una somma algebrica in cui spiccano necessariamente anche termini di segno negativo: debolezze e incidenti di percorso, prontamente riconosciuti e rettificati.

Oltretutto, dai genitori imperfetti ma disponibili all'autocritica i figli possono apprendere la pregevole virtù dell'umiltà, oggi così fuori moda. Di questa dote si parla sempre meno: è diventata decisamente impopolare. Solo a nominarla genera fastidiosi rigurgiti, perché, in un'accezione di stampo tradizionale, rimanda a incresciosi atteggiamenti di mortificazione, deferenza, modestia e sottomissione.

I bambini della mia generazione sono stati allevati all'insegna della discrezione, della misura e della morigeratezza. Mai vantarsi, mai insuperbire. E passi... Ma anche, purtroppo: mai valorizzarsi, mai riconoscere di avere delle qualità. Soprattutto noi femmine, ovviamente.

Questo eccesso repressivo può aver favorito, nei figli diventati adulti e, a loro volta, genitori, l'insorgenza di tendenze reattive che vanno nel senso della presunzione e dell'arroganza. Dunque: mai riconoscere i propri errori e i propri limiti, mai scusarsi; al contrario, attribuirsi meriti o privilegi arbitrari e prevaricare.

In realtà, credo che l'umiltà consista nella capacità di stimare realisticamente il proprio valore e le proprie qualità, nel rispetto dei limiti e dei confini personali, per non invadere lo spazio altrui. La qual cosa implica riconoscere con franchezza anche le proprie mancanze, rendendosi disponibili a rivedere e correggere la propria condotta. Gli adulti che sono capaci di una simile impresa si trovano nella condizione di trasmettere ai più giovani un prezioso insegnamento.

L'insicurezza che caratterizza in larga misura gli anni dell'infanzia e dell'adolescenza non deriva necessariamente dagli errori episodici e contingenti dei genitori. Piuttosto, è da riferire all'incoerenza sistematica di molti adulti, che non accordano l'agire alle intenzioni e ai principi proclamati. Le discrepanze e le contraddizioni fra il piano dell'azione e quello della comunicazione verbale rappresentano, come ben sappiamo, la fonte più comune del disorientamento dei figli, che perdono dei riferimenti preziosi per la loro vita.

Allo stesso modo, quando i genitori evitano di prendere posizione e non si impegnano abbastanza nel loro ruolo di educatori, per negligenza o sfiducia nei propri mezzi, i figli si sentono abbandonati. Un risultato che, alla lunga, può rivelarsi ancora più dannoso degli errori e delle contraddizioni.

L'ipotesi di incuria e indifferenza nei confronti dei figli si commenta da sé. Vorremmo poterla escludere totalmente, ma l'esame di realtà ne risulterebbe significativamente deformato: genitori di tal genere esistono, e neppure in numero trascurabile. Indipendentemente dal grado di istruzione e dall'estrazione sociale. Si tratta di individui difficili da sensibilizzare perché quasi impermeabili all'autocritica e al cambiamento del loro approccio relazionale.

L'altra categoria, piuttosto numerosa, a rischio di fallimento nel ruolo educativo è composta dai genitori timorosi e irresoluti, che non si fidano della propria competenza e della validità delle proprie idee. In tal modo, riversano la propria personale ansia sui figli, trasmettendo loro un profondo senso di insicurezza.

Prendere posizione riguardo ai figli, in qualunque circostanza, è veramente essenziale. Non ci si può esimere dalla responsabilità delle scelte educative, anche a costo di doversi pentire della propria condotta e di dover rivedere il proprio orientamento. L'importante è rendersi disponibili in tal senso.

Dunque, nel rapporto con i figli ci può stare anche il tradimento, purché si manifesti nella forma di qualche incidente di percorso, che sia possibile recuperare attraverso il riconoscimento dei propri torti e della propria umana fragilità. Diversamente, se l'atteggiamento di fondo è una costante tendenza a deludere le aspettative dei figli, a non rispettare i patti e a non mantenere le promesse, la fiducia tradita si incrina sempre più rovinosamente, fino al crollo definitivo.

Molti giovani sono passati attraverso questa penosa esperienza, acquistandone consapevolezza talvolta solo in età adulta. Questi figli, per tutto il corso dell'adolescenza, hanno percepito un malessere difficilmente identificabile, a causa dell'ostinato bisogno di salvaguardare, al di là dell'evidenza, l'immagine dei propri genitori. Ammettere la loro inadeguatezza avrebbe significato rinunciare a sentirsi veramente amati e rispettati nella propria individualità. Purtroppo il momento arriva comunque. Ma una volta diventati adulti, le difese personali e la capacità di reagire alle frustrazioni sono generalmente più ragguardevoli.

Davide è uno di questi figli sfortunati. Quando l'ho conosciuto, era ormai in uscita rispetto a una situazione familiare fortemente problematica e il progetto di ristrutturazione della sua vita era già in atto. Aveva solo bisogno di avere un supporto temporaneo, per essere rassicurato. Una psicoterapia di appoggio di qualche mese è stata sufficiente per ridargli fiducia sulla consistenza delle sue risorse personali e la validità dei suoi propositi.

Figlio unico di una coppia male assortita, Davide ha sperimentato l'acuta sofferenza che deriva dal tradimento della fiducia riposta nel padre e nella madre. Ha vissuto gli anni dell'adolescenza desiderando fortemente, dopo la separazione dei genitori, di coltivare un legame profondo con il padre e illudendosi di averlo stabilito. Il crollo dell'illusione è stato aggravato dalla presenza di una madre rigida e scostante, sostanzialmente sorda alle esigenze affettive del figlio.

Anche questa madre ha tradito il figlio, sia pure in un altro senso. Non l'ha mantenuto nell'inganno, come ha fatto il marito, ma non ha saputo, a sua volta, soddisfare le naturali aspettative di dedizione e tenerezza che ogni bambino, fin dalla nascita, nutre nei confronti dei genitori.

Riporto qui di seguito il resoconto di Davide circa il drammatico risveglio della sua consapevolezza. Nelle sue parole risuona in maniera suggestiva l'eco del suo tormento. Dalla narrazione emergono con chiarezza i tratti delle personalità disturbate dei genitori: l'anaffettività della madre e la strumentalizzazione del padre ai danni del figlio.

Finalmente ho capito, papà. Ci sono voluti sette anni, ma adesso ho capito. Che illuso sono stato. Ho sempre creduto che tu mi cercassi perché ti mancavo, perché sentivi il bisogno di condividere, quanto più possibile, la tua vita con me. Invece, era la mamma che volevi. L'hai sempre voluta e io sono stato un mero strumento per non perdere definitivamente i contatti con lei. Non ci sei riuscito: lei non ti ha più voluto comunque.

Quando vi siete separati, o meglio, la mamma ha chiesto la separazione, è parso logico a tutti, me compreso, che io restassi a vivere con lei, nella nostra casa. Io, del resto, allora pensavo che la situazione di crisi sarebbe stata temporanea. Voi siete sempre stati una coppia litigiosa, per via della durezza della mamma e delle tue frequenti evasioni. Eppure, nonostante non fossi più un bambino al tempo della vostra separazione, mi rifiutavo di considerarla definitiva. La mia ingenuità mi induceva a guardare la realtà ancora con le lenti deformanti della fanciullezza.

Non potevo concepire che tra voi fosse veramente finita. Tu, in ogni caso, hai contribuito a farmelo credere. La mamma, dicevi, avrebbe capito che era un errore sfasciare la famiglia e tu saresti tornato a vivere con noi. Tu stesso l'hai sperato per molto tempo, perché, nonostante tutto, anche se la tradivi, l'hai sempre amata. Come un bambino un po' discolo che si pente delle sue malefatte e reclama il perdono della madre. Lei sembrava perdonare, ma non è mai riuscita a dimenticare. Avevi certamente ragione tu quando sostenevi che la mamma è una donna troppo intransigente: pretende il massimo da se stessa e dagli altri, e non tollera errori e debolezze.

Quando tu e io ci siamo progressivamente resi conto che la mamma faceva sul serio e non sarebbe ritornata sui suoi passi, mi è parso che il nostro rapporto si facesse più stretto. Come se avessimo bisogno di aggrapparci l'uno all'altro per sopravvivere alla nostra separazione, alla quale la mamma ci aveva costretti. Io mi illudevo che tu sentissi la mia mancanza. Adesso so che era la mamma a mancarti.

Quando per lavoro ti sei trasferito a Milano, cercavi ogni pretesto per venirmi a trovare durante il fine settimana. Preferivi spostarti tu invece di ospitarmi nella tua casa milanese. Immagino che lo scopo fosse di avere un'occasione per rivedere la mamma piuttosto che di evitarmi tre ore di viaggio in treno.

Ripensandoci ora, a posteriori, il tuo comportamento è sempre stato di un'evidenza lampante. Quando non riuscivi a incontrare la mamma, eri sempre un po' nervoso. Mi tempestavi di domande su di lei, sulla sua vita: volevi sapere se usciva, con chi usciva. Quanto a me, il tuo interessamento era decisamente più blando. Qualche domanda sulla scuola, sui miei progetti lavorativi, ma niente di così intimo e confidenziale. Pretendevi maggiori dettagli quando ti parlavo di eventi che includevano la presenza della mamma.

Mi rendo conto di aver sempre svolto il ruolo di messaggero per te: ogni volta che ti incontravo, ritornavo da mia madre con qualche comunicazione da parte tua. Adesso mi è chiaro: io ero soltanto un pretesto per mantenere vivo il tuo legame con lei.

Due anni fa, quando ho deciso di trasferirmi a Milano per il mio primo lavoro, ho fatto ancora l'errore di pensare che l'allontanamento dalla mamma e la nostra vicinanza avrebbero rafforzato il legame che ci univa, o meglio, che credevo ci unisse. È stato doloroso rendermi conto che tu, al contrario, non solo mi cercavi sempre meno, ma ti sottraevi persino alle mie richieste di vederti e passare più tempo con me. Da quando non vivo più con la mamma, ho cessato di essere il tramite che tu hai utilizzato in tutti questi anni per raccogliere informazioni su di lei, per avere ancora accesso alla sua vita.

Mia madre mi ha reso davvero un utile servizio facendomi il favore di aprirmi gli occhi (anche se brutalmente, come sa fare lei...) e, almeno per questo, le sono grato. Quando le ho parlato del proposito di lasciarla per venire a vivere a Milano, lei, con parole crude, forse anche perché si sentiva ferita dal mio abbandono, mi ha sbattuto in faccia la realtà. "Tuo padre ti ha sempre usato per continuare a tormentarmi, ma non ti vuole con sé": così è esplosa, al colmo dell'esasperazione.

Sul momento, ho pensato che la sua reazione fosse di cattiveria gratuita, ma quelle parole, a furia di rimbalzare nella mia testa, mi hanno indotto a ripensare alla mia storia e a raccogliere indizi sempre più allarmanti circa la natura del tuo interesse per me.

In effetti, quando ti ho comunicato la mia decisione di cercare casa a Milano, nella tua città, ti sei mostrato ansioso e preoccupato. Certo, temevi che ti proponessi di trasferirmi da te. Mi hai prevenuto facendomi notare che casa tua era troppo piccola per accogliermi. È tutto così chiaro adesso. Adesso non faccio nessuna fatica a ricostruire il quadro della situazione, mettendo tutti i tasselli al posto giusto. Adesso che lei è entrata nella tua vita e per lei hai trovato posto nella tua casa.

È chiaro che di me non hai più bisogno e, ormai, neanche più della mamma. Finalmente sei riuscito a rimpiazzarla: la donna con cui adesso vivi è la sua prima vera rivale.

Tu mi hai mantenuto nell'inganno per tutto il tempo in cui ho vissuto con la mamma e questo non potrò mai perdonartelo. Così, per effetto di questo inganno, mi sono crogiolato nell'idea che, se mi fossi trasferito nella tua città, non sarei stato solo, perché ti avrei avuto al mio fianco. Invece, di tempo per me non ne hai mai e, quando ci vediamo, pretendi di impormi la presenza di quella donna.

E dire che tu sei la ragione per la quale, per tutto il periodo della mia adolescenza, mi sono scontrato con la *mamma. Nonostante i tuoi tradimenti, io sono stato spesso indotto a pensare che fosse lei ad avere una precisa responsabilità nel fallimento del vostro matrimonio. Proprio per quel suo carattere così inflessibile, di cui tante volte ho sperimentato anch'io gli effetti deleteri sulla mia pelle. Per di più, lei ti aveva crudelmente estromesso dalla nostra vita e questa decisione mi è sempre parsa una colpa imperdonabile.*

Eppure ora mi domando: che la mamma avesse uno straccio di ragione, papà? Che fossi davvero tu quello incapace di amare, come lei sosteneva? Comincio a sospettarlo e sono tentato di parlarle della delusione che ho patito per causa tua, anche se mi pare già di sentire i suoi commenti scontati. Perché lei l'ha sempre saputo che tu sei inaffidabile e bugiardo.

Negli anni in cui ho vissuto con la mamma, mi è capitato spesso di sdegnarmi con lei, ogni volta che accennava ai tuoi torti e alle tue inadempienze di marito e di padre. Adesso, mi sta sorgendo il dubbio che non distorcesse la realtà, come io pensavo, ma ti vedesse con uno sguardo più lucido del mio.

Accecato dal mio amore per te, io ti ho certamente idealizzato. Avevo un insano – date le circostanze è proprio il caso di dirlo – bisogno di credere che tu nutrissi per me un sentimento speciale, che mi faceva sentire indispensabile nell'economia della tua vita affettiva. Povera mamma, pensavo, lei non può capire perché è troppo fredda e incapace di amare: non ha mai sperimentato un legame così profondo e coinvolgente.

Adesso capisco di aver preso un terribile abbaglio: ho confuso il tuo bisogno di me, inesistente, con la tua dipendenza dalla mamma. È incredibile come possiamo essere fuorviati quando amiamo e non vogliamo accorgerci che non siamo corrisposti.

Domani saranno due anni dal giorno in cui mi sono trasferito a Milano, pieno di speranze e progetti per il mio avvenire, in cui tu avevi una parte essenziale. Invece, eccomi qui, ormai disincantato, con il peso della delusione e della solitudine. Mi rendo conto di aver finora troppo investito su di te, sulla mamma, sulla nostra famiglia: un quadro più fantasticato che reale. Non lo meritavate, soprattutto tu. Dalla mamma non mi sono mai aspettato calore e comprensione, perché ho capito subito com'era fatta. Ma almeno lei è sempre stata sincera: non mi ha risparmiato ferite, ma non mi ha ingannato. Tu, invece...

Adesso che ho aperto gli occhi, voglio tentare di costruirmi una vita tutta mia, nella quale includere altre presenze che, spero, mi procureranno meno dolore di quanto avete fatto voi. Voglio coltivare nuove amicizie; voglio trovare qualcuno che mi ami, con cui condividere un futuro sereno, senza inganni. Sono stato un adolescente troppo solitario, troppo concentrato sui nostri problemi familiari, intento a fare da paciere in una guerra che tutti abbiamo perso. Adesso è tempo che pensi a me e vi escluda dalla mia vita.

Davide è stato di parola e si è applicato con impegno alla realizzazione del suo progetto di vita. Quando l'ho conosciuto, la sua rete di relazioni si andava già progressivamente ampliando, com'era nelle sue intenzioni, grazie ai buoni rapporti stabiliti con i colleghi di lavoro, suoi coetanei. C'era anche una ragazza all'orizzonte, conosciuta durante una vacanza estiva. Da questo incontro si aspettava promettenti sviluppi. Silvia si mostrava disponibile e affettuosa, ma, soprattutto, comunicativa e piuttosto estroversa. Sembrava, dunque, particolarmente adatta a svolgere un ruolo di mediazione tra Davide e la compagnia degli amici.

Con la madre era riuscito a stabilire una frequentazione abbastanza regolare, ma non impegnativa. Con il padre, dopo un periodo di totale sospensione del rapporto, Davide aveva riallacciato i contatti, in occasione di un infarto che aveva indotto l'uomo a farsi vivo e a richiamare il figlio. Il quale, tuttavia, gli aveva imposto la condizione di non essere costretto a frequentare la sua convivente.

Di Davide ho molto apprezzato l'impegno con cui, una volta preso atto dell'inadeguatezza dei suoi genitori, si è dedicato alla ricostruzione di una rete relazionale supportante e di riferimenti affettivi che gli sono sempre mancati nel corso dell'infanzia e dell'adolescenza. Nonostante l'inquietudine e lo sconforto, ha saputo reagire con grande forza d'animo alla sua condizione di abbandono e isolamento. Era stato un adolescente senza amici significativi, senza storie sentimentali che non fossero fugaci infatuazioni, mai coltivate.

La solitudine è davvero una condizione di vita incompatibile con gli anni giovanili, quando lo sviluppo equilibrato dell'affettività è garantito anche da vantaggiose esperienze di integrazione sociale.

La compagnia degli amici, soprattutto negli anni dell'adolescenza, può svolgere, come abbiamo avuto occasione di ribadire più volte, anche una funzione compensatoria rispetto alle carenze della famiglia. Sappiamo quanto conti il gruppo dei pari in quella delicata fascia d'età, agli effetti dell'acquisizione dell'autonomia e dell'ampliamento dell'orizzonte relazionale, al di fuori della famiglia. Ma l'amicizia dei coetanei può svolgere anche l'importante funzione di supportare affettivamente e allenare alla solidarietà reciproca.

Pertanto, i ragazzi che vivono in un contesto familiare deficitario dal punto di vista della rassicurazione e del calore umano, possono trovare valide risposte ai loro bisogni affettivi nella condivisione di esperienze socializzanti con gli amici. Risposte, comunque, il più delle volte non sufficienti a portare a compimento, in senso esaustivo, il processo di individuazione che consente di strutturare saldamente l'identità personale. Per un esito favorevole della maturazione dei soggetti in età evolutiva sono, infatti, indispensabili la presenza e la guida di qualche figura adulta che svolga il prezioso ruolo di riferimento affettivo e normativo.

Molti giovani, purtroppo, devono fare tutto da soli, appellandosi alle proprie risorse, alimentando autonomamente il proprio spirito di iniziativa. Per riuscire nell'intento, occorre un carattere determinato e una forte motivazione a uscire dai condizionamenti familiari. Occorre non lasciarsi intimidire dagli inevitabili tentativi di colpevolizzazione da parte dei genitori, che rifiutano quasi sempre di riconoscere le proprie responsabilità e tendono ad attribuire a ingratitudine ed egoismo le scelte di emancipazione dei figli.

Dunque, i giovani devono allenarsi a superare delusioni e contrasti, dentro e fuori la famiglia. Generalmente, è all'interno che si combattono le battaglie più cruente, quelle che rischiano di lasciare il segno per tutta la vita. Il tradimento della fiducia riposta nei genitori ha inevitabilmente effetti più devastanti rispetto ai tradimenti degli amici o dei partner sentimentali. Per l'ovvia ragione che i genitori rappresentano i riferimenti primari per tutti gli individui, che apprendono a relazionarsi con il mondo degli oggetti e delle persone a partire dall'esperienza più o meno favorevole dei rapporti familiari.

Dunque, si torna a parlare della famiglia; di questa istituzione così in crisi, così profondamente logorata dai mutamenti socioculturali degli ultimi decenni, che sembra incapace di rinnovarsi e ricollocarsi nella rete sociale in un ruolo insostituibile. E, a proposito di fiducia, ci domandiamo se abbia ancora senso patrocinarne la causa.

I fautori della famiglia si aggrappano a motivazioni ideologiche, essenzialmente etiche e religiose, da sempre sbandierate per sostenere la necessità di conservare questo consolidato assetto sociale in nome delle radici della nostra tradizione, in nome della tutela dei minori per i quali risulta essenziale il ruolo affettivo ed educativo dei genitori. Se le ragioni ideali sono condivisibili, risulta invece inammissibile ignorare quanto la realtà sia lontana dalla teoria.

I guasti, le inadempienze, le violenze prodotti all'interno del sistema familiare sono veramente troppo visibili per essere negati. E, purtroppo, non mi riferisco soltanto a una minoranza di famiglie patologiche che arrivano all'osservazione degli specialisti e degli operatori sociali. Mi riferisco anche a molte famiglie cosiddette normali che, tuttavia, generano figli devianti, disadattati, tossicomani e via dicendo. Quante volte, nei terribili fatti di cronaca che riguardano giovani criminali, abbiamo sentito commentare con stupore il quadro di normalità della famiglia?

Dobbiamo proprio ammetterlo: qualcosa non sta funzionando nella famiglia, anche se, dal mio punto di vista, rimane potenzialmente una risorsa preziosa e insostituibile. Parlare della crisi dell'istituzione "famiglia" non significa attentare ai valori di cui dovrebbe essere portatrice, né volerla smantellare. Ma non è negando il problema del deterioramento dei rapporti e dei ruoli familiari che la famiglia riacquisterà il suo valore e il suo prestigio.

I genitori hanno certamente bisogno di appoggio e incoraggiamento. Forse hanno smarrito fiducia nella loro capacità di gestione del compito educativo e nella loro competenza relazionale, disorientati come sono da opinioni e richiami contrastanti di specialisti, formatori e consulenti vari. Da un lato, si sentono messi sotto processo perché hanno concesso troppa libertà ai loro figli, venendo meno alle delicate funzioni di protezione e di guida; dall'altro, perché li condizionano pesantemente, contrastando il loro diritto all'emancipazione.

Pertanto, siamo tutti, genitori e non, in qualche misura responsabili dello stato di crisi. Sarebbe perciò opportuno rivedere il panorama complessivo della realtà giovanile e del ruolo giocato dagli adulti, ciascuno nella specificità delle sue funzioni.

4.

La dimensione etica e il senso della giustizia

Gerarchie di valori a confronto

I giovani hanno un diverso senso della giustizia rispetto agli adulti e da questo differente approccio etico derivano molti equivoci e molti contrasti. E, soprattutto, da parte dei figli, può derivare facilmente un atteggiamento di giudizio lapidario e di aperta condanna dei genitori da parte dei figli, con conseguente rifiuto dei loro codici di valori e dei modelli di comportamento proposti.

Spesso i ragazzi possono ingiustamente apparire cinici e amorali. Parlano e agiscono come se fossero privi di sensibilità e di rispetto per gli altri. Eppure, sono portatori di un fondamentale bisogno di giustizia e di un senso etico altamente sviluppato, anche se può rispondere a criteri significativamente differenti da quelli degli adulti, che quasi mai si sforzano di capire. È importante, invece, analizzare le ragioni di questo differente approccio, per non incorrere in frettolose stigmatizzazioni.

Innanzitutto, i giovani sono fondamentalmente idealisti e, come tali, più intransigenti e meno disponibili al compromesso. Tendono a rapportarsi alla realtà in maniera più diretta e semplificata rifuggendo le mediazioni, le sfumature e i raggiri. Quasi tutti, anche quando mentono – e mentono spesso a scopo di sfida o di difesa – si rivelano poco accorti, facilmente attaccabili e smascherabili.

Si usa dire che i giovani, al giorno d'oggi, sono privi di valori: non hanno più principi. Questa tesi non mi trova d'accordo, almeno non indiscriminatamente. Mi sembra più corretto affermare che non hanno più punti di riferimento validi. Non è una precisazione pretestuosa, perché chiama in causa la responsabilità degli adulti.

Le norme e le dottrine risultano sterili se si riducono a una professione impersonale e un po' astratta di principi in cui credere. I giovani hanno bisogno di riconoscere quei valori e quei precetti incarnati nella vita quotidiana da parte degli adulti con cui si trovano a interagire. Hanno bisogno di riconoscere, nei loro gesti e nelle loro scelte, un'integrità e una coerenza che contribuiscano a certificare la bontà e la validità dei modelli proposti. E sull'incoerenza degli adulti, sul divario tra ciò che vanno predicando e come agiscono nel concreto, avremmo tutti molti esempi da vantare.

Capita con una certa frequenza che i giovani, proprio in nome di un ideale superiore, come l'amicizia, uno dei pochi in cui affermano di credere, siano disposti a mentire, a compromettersi, a violare la legge. Considerando il proprio comportamento tutt'altro che riprovevole; anzi, rispondente a una morale più alta, che privilegia valori sacri. Per l'appunto, come l'amicizia.

Nell'ambito dell'amicizia, acquistano senso altri valori, come la solidarietà e la fedeltà, che gli adulti invocano spesso invano. Magari, tralasciando di contestualizzarli, di riferirli cioè a situazioni concretamente vissute e a rapporti significativi nell'ambito relazionale dei figli.

In effetti, un'altra peculiarità caratterizza l'approccio giovanile alla dimensione etica, che può anche apparire una vera e propria contraddizione: uno dei tanti atteggiamenti conflittuali che rivelano la natura ambivalente tipica dell'età evolutiva. L'idealismo dei ragazzi, che spesso li sconnette dalla realtà, risulta, al tempo stesso, piuttosto concreto, nel senso che sembra poter contemplare quasi esclusivamente temi e motivazioni legati alla loro personale esperienza emotiva.

I giovani individui sono poco interessati al rispetto formale di regole che considerano astratte se non riguardano direttamente la loro visione del mondo e il loro sentire. I valori, per essere riconosciuti come tali, per contare insomma, devono risuonare con accenti chiari e trovare riferimenti attuali nell'esperienza della vita quotidiana; o rimarranno lettera morta. Non verranno accettati. E la trasgressione delle norme e dei precetti, che da quei valori derivano, non verrà riconosciuta come tale, ma piuttosto come l'applicazione del diritto di salvaguardare la propria libertà.

Sottrarsi a imposizioni giudicate pretestuose e affermare la propria autonomia di pensiero e di azione rappresenta generalmente un obiettivo basilare per ciascuno di noi. A maggior ragione, nel corso dell'età evolutiva, età in cui la ricerca della propria identità si accompagna a forti tensioni emotive, al bisogno di rassicurazione e alla paura di fallire.

Il senso della giustizia, e il rispetto della medesima, è una priorità per i giovani individui che lamentano unanimemente la scarsa attenzione degli adulti al riguardo. Abbiamo tutti fatto esperienza delle proteste di figli e di studenti che insorgono a tutela dei loro diritti e, molto spesso, di quelli di coetanei non sufficientemente agguerriti per farlo in prima persona. Un esempio classico riguarda il contesto scolastico: in quale classe non è capitato, prima o poi, che un allievo entrasse in collisione con un insegnante per difendere un compagno trattato *ingiustamente*?

Proprio a causa di questa forte esigenza di giustizia i giovani si rivelano anche capaci, quando occorra, di applicare il loro idealismo e il loro investimento emotivo a contesti ambientali e a realtà di vita che possono essere molto lontani dai loro, ogni volta che venga messo in discussione il rispetto dei diritti umani e il principio della giustizia sociale.

Un'adesione, non solo formale, alle grandi cause che attengono ai temi fondamentali della libertà e dell'uguaglianza tra gli individui può richiedere persino sacrifici e svantaggi rilevanti. I giovani sanno essere generosi e capaci di severe rinunce. Sanno anteporre al proprio personale tornaconto la fedeltà agli ideali e il principio della solidarietà.

Le crociate giovanili, intraprese per riparare torti considerati inaccettabili e per scuotere la colpevole indifferenza degli adulti, sono spesso occasione, nell'ambito della vita quotidiana, di pesanti contrasti con genitori e insegnanti. Gli adulti tendono, infatti, a irrigidirsi in una posizione di rifiuto pregiudiziale di un'etica lontana dal loro sistema consolidato di norme e principi e respingono l'esigenza tipicamente giovanile di affermare discrepanti criteri di valutazione della realtà. Temono l'insubordinazione, la perdita dell'autorità e del controllo, il sovvertimento della loro gerarchia di valori.

Questo *gap* generazionale, di cui abbiamo già ripetutamente sottolineato l'ineluttabilità, fa inceppare la comunicazione rendendola sterile. La distanza tra due mondi che appaiono spesso davvero incompatibili rischia di accentuarsi sempre più marcatamente se gli adulti non si sforzano di accogliere punti di vista e ragioni che esulano dal loro patrimonio esistenziale, rendendosi disponibili al confronto e allo scambio di acquisizioni e risorse, frutto di esperienze comportamentali, cognitive e percettive necessariamente molto diverse.

Non è che non ci sia nulla da imparare dai giovani... Possono risultare estremamente stimolanti e creativi. Ci obbligano a guardare avanti, ci distolgono dall'assuefazione. In ogni caso, vale la pena trasmettere ai figli un modello di comportamento improntato all'apertura e alla flessibilità, se abbiamo a cuore i valori della pace, della tolleranza e della comprensione reciproca.

Molti genitori tendono a scoraggiare, o addirittura a proibire condotte e decisioni dei figli che vanno in senso opposto al conformismo e alle convenzioni, per paura del disadattamento e dell'incapacità a integrarsi nel tessuto sociale. Temono per i figli l'emarginazione e l'insuccesso: l'esclusione dai circuiti dell'affermazione pubblica e del potere. Si sentono rassicurati se bambini e adolescenti "fanno quello che fanno gli altri", seguendo un modello convenzionale.

Ho raccolto sfoghi di molti genitori in fibrillazione a causa della scarsa attitudine dei figli o, peggio ancora, del loro netto rifiuto rispetto allo sport, alle attività di gruppo e alla discoteca. E non è raro che si tratti di adulti a loro volta poco intraprendenti, piuttosto isolati da un punto di vista relazionale. È chiaro che vorrebbero preservare i figli dal senso di solitudine, di inadeguatezza e di scarsa rilevanza sociale che li ha tormentati nel corso della loro vita. Ma, come ormai ben sappiamo, non è una buona strategia proiettare sui figli i nostri stati emotivi, i nostri desideri frustrati e le nostre istanze di risarcimento.

Proviamo, dunque, a non scartare frettolosamente opinioni, giudizi e attribuzioni di significato che vanno oltre il pensiero e il sentire comune degli adulti. Mostriamo interesse per ciò che di diverso ci propongono i ragazzi; ragioniamo con loro. Potrebbero svolgere un'utile azione di "svecchiamento" delle nostre idee, di superamento di tanti radicati pregiudizi. Certamente sarebbero, a loro volta, più disposti ad ascoltarci e a ritenerci interlocutori credibili.

Solo in questo modo potrebbe colmarsi il divario e aprirsi un reale confronto tra due mondi che, pur dovendo mantenere la loro specificità per garantire un esito positivo del processo di costruzione dell'identità personale per i giovani, non devono perdere il contatto e interrompere il flusso della comunicazione.

Molti giovani (soprattutto adolescenti) si ritrovano, invece, a combattere solitarie campagne in difesa delle loro idee e dei loro principi. Gli adulti li condannano senza appello, isolandoli affettivamente sotto il peso della colpa e della riprovazione.

Tra i numerosi esempi che potrei citare, scelgo il caso di Cecilia, di cui mi piace riportare un accorato ed esemplare atto d'accusa rivolto ai genitori tacciati di insensibilità e ipocrisia. Mi sembra che la sua esperienza contenga utili spunti di riflessione sul differente approccio giovanile alla questione morale e rispecchi in maniera esemplare la difficoltà dei genitori nel gestire i comportamenti trasgressivi dei figli.

Ipocriti. Che ipocriti siete. Con tutti i vostri proclamati principi di giustizia e di solidarietà... Li sbandierate quan-

do i problemi non vi toccano da vicino, quando non siete coinvolti in prima persona. Così, sono capaci tutti...

Forse che Terry non merita appoggio e comprensione? Con la vita che ha avuto... con i genitori che ha... E io ho fatto per lei quello che ho potuto, come *ho potuto. Anche vendendo il mio cellulare, quello di mio fratello, e l'anello della mamma. Che cosa dovevo fare? Lasciarla in balia di quel dannato pusher che la ricattava? È così che si comincia a spacciare: quando hai debiti che non riesci a saldare. E voi lo sapevate benissimo, anche se non avete mosso un dito per darle una mano. Nonostante io vi abbia ripetutamente chiesto aiuto per lei.*

Adesso gridate allo scandalo, mi trattate come una ladra. Soltanto perché mi sono comportata come un'amica vera, una persona su cui si può contare, che non è capace di fregarsene e di abbandonare gli altri al loro destino. Voi lo avete fatto con Terry, trattandola non solo come un'estranea, ma addirittura come una criminale, meritevole di una condanna senza appello. Eppure, è praticamente cresciuta in casa nostra. Che possibilità aveva con quei due genitori che le facevano fare una vita d'inferno: sempre pronti a scannarsi tra loro e a tradirsi? E poi pretendete che un figlio non scleri...

Avete cominciato a espellerla dalla nostra famiglia con la scuola superiore, quando avete preteso che io mi iscrivessi al liceo scientifico, lasciando Terry alle prese con i suoi corsi professionali, uno più disastroso dell'altro. Se avessimo potuto continuare a frequentare insieme la scuola (tutte e due volevamo diventare grafico pubblicitario, e voi lo sapevate benissimo...), sono sicura che Terry non avrebbe sbandato. Così invece... io non ho potuto vegliare su di lei, come avevo fatto fino a quel momento. L'abbandono della scuola e le amicizie sbagliate hanno fatto il resto.

Nel momento in cui aveva più bisogno di me voi avete cominciato a metterci i bastoni tra le ruote. Mi avete perfino vietato di frequentarla, perché ormai era diventata una mela bacata, avete detto... L'avete trattata da perfetta tossica, irrecuperabile e pericolosa. Poteva guastare anche me e trascinarmi alla rovina. Quante volte li ho sentiti questi discorsi.

Ma io non ho voluto abbandonarla, perché un amico non lo fa, soprattutto nel momento del bisogno. Un amico è fedele, anche se deve correre dei rischi e pagare di persona per la sua lealtà. Ma voi non potete capire, perché siete ipocritamente attaccati a un perbenismo di facciata. Del resto, questa è sempre stata la vostra morale: ipocrisia e puritanesimo. Conta più l'osservanza formale delle regole stabilite che non i sentimenti e i legami affettivi con le persone. Invece, il rispetto della legge, a volte, è proprio un alibi di cui ci si fa scudo per non farsi coinvolgere dai problemi e dai bisogni degli altri.

Comunque, io non ho infranto nessuna legge. Sapete bene che non sono una ladra. Se così fosse, non sarei venuta spontaneamente a confessarvi che ero stata io a far sparire il cellulare di Robi e l'anello della mamma. Terry era con l'acqua alla gola e noi siamo una famiglia agiata. Delle mie cose personali avevo già venduto tutto il possibile... Non avevo scelta, perché i vostri ostinati rifiuti alle mie richieste di aiuto per Terry non mi lasciavano alternative. Era in gioco la sua sicurezza, e non sto drammatizzando. Sapevo che mi avreste gettato la croce addosso, ma ho deciso che avrei sopportato le conseguenze delle mie azioni. Secondo me, è così che si impara a diventare responsabili e si acquista il rispetto di se stessi.

Voi, come potete ancora guardarvi allo specchio? Sapendo che la ragazza che, negli anni della nostra adolescenza, dicevate di considerare quasi come una figlia era ostaggio di un pusher ricattatore? Voi non avete mosso un dito e l'avete abbandonata al suo destino.

È ormai adulta, dicevate, responsabile della sua vita e delle sue scelte. Come se fosse sempre possibile scegliere... Doveva pensarci prima, dicevate. E la comprensione? E il perdono? E la solidarietà? E tutti quei principi cristiani che avete sempre predicato? Trovo davvero disgustoso scaricare così le persone. Lo trovo meschino. Questo sì che è immorale.

Come l'anno scorso, poco prima di Pasqua. Avevo raccattato Terry in uno stato pietoso a casa di amici, i suoi amici che voi definite "relitti umani" e sono, invece, ragazzi sfi-

gati come lei, con genitori irresponsabili... L'ho portata a casa, sperando che l'avreste accolta con un briciolo di umanità. La vostra reazione, invece, è stata la solita: di immediato rifiuto e inappellabile condanna. L'avete scaricata al Pronto soccorso e vi siete subito dati da fare per rintracciare i suoi genitori, senza pensare a come gliel'avrebbero fatta pagare. L'importante per voi era non farvi coinvolgere e allontanare me dal pericolo.

Non vi siete mai fidati di me. Avete sempre pensato che non fossi abbastanza forte da non cascarci anch'io... Chissà perché avrebbe dovuto essere Terry a influenzare me e non il contrario... Non mi avete mai creduto quando vi dicevo che, a parte un po' di fumo, non avevo provato nient'altro. Perché la vostra logica è sempre stata questa: non si può frequentare chi ha problemi di dipendenza, chi è sieropositivo o chi infrange la legge senza restarne necessariamente contagiati. Così dividiamo il mondo in due settori non comunicanti: da una parte, pochi eletti che si ritengono infallibili; dall'altra, gli esseri imperfetti, ma umani, che sbagliano e pagano per i loro errori. Per quanto mi riguarda, è una logica manichea assolutamente inaccettabile. Potrei stilare un lungo elenco dei vostri errori, ma sono certa che non li ammettereste mai, perché siete convinti di appartenere alla categoria degli eletti.

*Se penso agli anni della scuola e al vostro ruolo di genitori in prima linea, con tutte quelle crociate sul tema della droga. Eravate certamente tra i genitori più attivi quando si trattava di pianificare interventi formativi per insegnanti, genitori e studenti. A cosa sono serviti quei cicli di incontri con gli esperti? Voi eravate i sostenitori più entusiastici di don *** e della sua comunità. Avete portato anche me in visita, insieme ai miei compagni. Avete organizzato incontri di sensibilizzazione al problema con altre famiglie della nostra parrocchia. Sempre pronti a mostrarvi partecipi e animati da buone intenzioni, che si sono eclissate non appena si è trattato di accogliere e aiutare Terry concretamente. Perciò ho smesso di credere alla vostra sincerità e al vostro senso morale.*

Basta con i ricordi. Quello che avevo da dire ve l'ho detto. Ormai è inutile continuare a recriminare sul passato e devo guardare avanti senza sterili vittimismi. La vita, d'altronde, non risparmia nessuno. L'ho capito presto e non mi faccio illusioni. Adesso è venuto per me il momento di affrontare la realtà e di giocare le mie carte, senza il vostro consenso e il vostro aiuto. Anche questo ho capito senza ombra di dubbio: non posso contare su di voi. Parliamo lingue troppo diverse, guardiamo il mondo con occhi troppo diversi... È sempre stato così.

Lo so, vent'anni possono sembrare pochi, ma sono comunque sufficienti per decidere della propria vita, quando si è convinti di essere nel giusto e sicuri di quello che si vuole. Adesso per me l'obiettivo più importante è aiutare Terry a tirarsi fuori, salvare la mia amicizia con lei e la coerenza con i valori in cui credo; anche quelli che voi proclamate, ma non praticate. Per questo mi sono organizzata. Ho deciso che vado a stare con Claudia, Vera e Matteo. Il ragazzo che abitava con loro se n'è andato e si è liberato un posto nell'appartamento comune. Al diavolo l'università. Ho trovato un lavoro, non ve l'avevo ancora detto. Il mio peregrinare di queste ultime settimane ha dato i suoi frutti. Appena guadagnerò abbastanza per avere una casa mia, farò venire Terry a stare con me. Ce la faremo. So che mi disapproverete, ma non dipenderò più da voi e farò a modo mio.

O, forse, sarete sollevati, perché vi libero della mia presenza imbarazzante. In questo modo vi disfate della prova vivente del vostro fallimento educativo. Perché è così che l'avete chiamato. Ovviamente, con il sottinteso che l'unica responsabile di questo fallimento ero io: con il mio carattere ribelle, con le amicizie sbagliate, con il mio comportamento deviante.

Vi resta Robi, ma non fatevi troppe illusioni: è ancora un po' piccolo per rendersi conto di come siete fatti veramente. Io gli ho parlato e lui ha capito. Ha capito che non sono una ladra, che il mio gesto è stato dettato non da inclinazione a violare proprietà e diritti altrui, ma da spirito di solidarietà e dal desiderio di salvare un'amica sprofondata in una drammatica emergenza. A volte, quando non ci sono vie d'uscita, per riparare un'ingiustizia occorre commetterne un'altra, scegliendo il male minore.

Se non ci fosse stato il presupposto dell'amicizia e, dunque, di un caldo legame affettivo tra le due ragazze, probabilmente Cecilia non avrebbe avuto un atteggiamento di accettazione così incondizionata nei riguardi di Terry.

Gli adolescenti "a norma", infatti, pur amando il rischio e la provocazione, prendono le distanze dal mondo di emarginazione, sfruttamento e miseria al cui interno scaturiscono le spinte distruttive che portano gli individui più fragili verso un destino di disperazione e di morte. Possono fare uso di erba, ecstasy e acidi, spesso in associazione con l'alcol, alla ricerca di eccitazione, di esperienze allucinatorie, di un intorpidimento della coscienza che consenta non solo di sfuggire a una realtà frustrante, ma anche di accedere a stati percettivi alterati e a transitorie sensazioni di potenza ed euforia. Tuttavia, pur condividendo la pratica dello spinello e il vizio di impasticcarsi (perlopiù in discoteca), tendono a biasimare e a emarginare chi sviluppi una dipendenza dalle droghe pesanti. I tossici abituali si aggregano in piccoli gruppi di disadattati e si avviano generalmente a un percorso di solitudine e di esclusione dalle compagnie "regolari" dei coetanei.

Nel caso di Cecilia, il tema della droga era solo incidentalmente l'oggetto del contendere. Piuttosto, tra lei e i suoi genitori era in gioco una diversa concezione della giustizia e della gerarchia dei valori di riferimento per due divergenti visioni della realtà. Almeno, tale era la percezione di Cecilia che, per quanto riguarda il consumo della droga, si trovava in una posizione di netto dissenso rispetto a Terry e ai suoi compagni di sventura. Ai suoi genitori contestava il loro rifiuto a "sporcarsi le mani", passando dal moralismo sterile della parola alla solidarietà fattiva, in nome della giustizia e, ancor più, degli affetti.

Cecilia sollevava due fondamentali questioni, che ci toccano tutti indistintamente: la prima riguarda lo scollamento tra il sistema di norme e principi etici professato e le condotte agite nella vita quotidiana; la seconda ribadisce il primato degli affetti. La diffusa ipocrisia degli adulti nasconde spesso la difficoltà a lasciarsi coinvolgere sul piano personale, laddove si richiede di andare oltre la formalità e il disimpegno, per passare dal piano teorico a quello pratico dell'assunzione di responsabilità e delle scelte concrete che sono lo specchio dei nostri investimenti affettivi. I giovani, ogni volta che la coerenza viene meno, non perdono occasione per sottolinearlo aspramente.

Sono convinta che lo scontro fra Cecilia e i genitori, prima o poi, sarebbe emerso comunque. La drammatica esperienza dell'amica ha offerto un pretesto particolarmente dirompente per una divergenza ideologica che, presto o tardi, sarebbe sfociata in un conflitto aperto.

Lo scontro sul sesso

Uno dei temi che più facilmente contrappone il mondo adulto a quello giovanile è indubbiamente il sesso. In apparenza, si tratta di un confronto-scontro che ha a che fare essenzialmente con l'etica e i suoi valori. Ma, ai giorni nostri, ha pure a che fare, in un senso più pragmatico, con il pericolo dell'Aids e lo spettro della morte. In subordine, con il timore dei genitori che i figli (le figlie, soprattutto) possano contaminare troppo presto la loro innocenza infantile, compromettendo la possibilità di accedere gradualmente e senza traumi all'esperienza sessuale. Ovviamente, una gravidanza precoce e indesiderata è in cima a tutte le preoccupazioni dei genitori di figlie femmine, talvolta precipitosamente autorizzate all'assunzione della pillola anticoncezionale.

In realtà, ci sono anche ragioni più profonde e meno scontate, di carattere personale (insicurezze, paure, problemi di controllo dell'aggressività...) e di ordine relazionale (affermazione dei propri diritti, competitività, conflitti di potere...) che rendono così ansiogeno e controverso il terreno minato del sesso. I genitori non dovrebbero mai dimenticarlo. Pertanto, è opportuno che si chiedano se il loro atteggiamento, di solito molto resistente per quanto concerne la legittimazione dell'attività sessuale dei propri figli, non derivi da ragioni che con l'etica hanno poco o nulla a che fare.

Innanzitutto, le ansie, o addirittura l'avversione, che molti genitori nutrono al riguardo possono essere alimentate da difficoltà personali di gestione della propria sfera emotiva, che facilmente incidono sull'approccio al sesso. Si tratta, in questi casi, di adulti che hanno associato all'esperienza sessuale vissuti di inadeguatezza e disistima, di aggressività e colpevolizzazione, dai quali tendono istintivamente a proteggere i loro figli. Utilizzando i ben noti meccanismi di proiezione dei propri stati emotivi sui figli stessi, con il risultato di annullare, grazie a un'operazione arbitraria ed epistemologicamente scorretta, differenze di mentalità, temperamento ed esperienze di vita.

Un altro fattore di ritrosia dei genitori riguardo all'attività sessuale dei figli deriva da angosce profonde fomentate dall'incalzare degli anni e dalla scansione delle tappe dell'esistenza. Accettare l'idea che i figli comincino a praticare il sesso significa accettare che siano cresciuti. E i figli che crescono ci danno la misura del tempo che passa.

Solitamente, l'adolescenza e la maturità sessuale dei figli vengono a coincidere con la fase della vita degli adulti che prelude alla perdita della fertilità per le donne e a un progressivo ridimensionamento della potenza sessuale per gli uomini. Almeno nell'immaginario collettivo. Di fatto, al giorno d'oggi, se si gode di buona salute e si riesce a contenere lo stress, l'attività sessuale può mantenersi dinamica e soddisfacente fino a un'età ragguardevole. Ma tant'è... le angosce e le paure, più o meno consapevoli, di molti adulti riguardo alla perdita progressiva del vigore giovanile e al declino delle risorse fisiche e mentali possono essere rinforzate dal raffronto con la crescente vitalità dei figli e dal loro accesso alla pienezza dell'eros.

Con tali premesse, non è raro che scatti negli adulti il bisogno, prevalentemente inconscio, di negare a se stessi e agli altri la naturale inversione della parabola della vita. Li vediamo allora competere con i figli, mutuandone gusti e inclinazioni, nell'irragionevole tentativo di arrestare il tempo e di rimanere in corsa. Assistiamo a sorprendenti trasformazioni d'immagine, sia nell'estetica che nell'atteggiamento, allo scopo di inseguire artificiosi e inefficaci giovanilismi che spesso imbarazzano i figli stessi.

In ogni caso, accettare che i figli crescano e vivano il sesso implica, per i genitori, accettare anche l'esclusione dalla loro intimità, a mano a mano che le pulsioni erotiche e sentimentali sospingono gli adolescenti verso la ricerca di nuovi affetti.

Dalla preadolescenza in poi, altre presenze verranno ammesse all'intimità dei figli, talvolta con l'effetto di suscitare rimpianti e gelosie nei genitori. I quali, a quel punto, saranno costretti ad accettare dei confini emotivi, se già non avranno provveduto a fissarli in precedenza. Per molti di loro sarà una rinuncia dolorosa, cui non sapranno rassegnarsi se non al prezzo di laceranti contrasti con i figli.

Il desiderio di condivisione dei soggetti in crescita, dapprima rivolto prevalentemente verso la famiglia, in seguito verso il gruppo, a partire dall'adolescenza comincia a orientarsi verso un partner, non necessariamente di sesso opposto.

Esistono rapporti di amicizia tra adolescenti dello stesso sesso così intimi e coinvolgenti da assumere i connotati di una relazione amorosa. È proprio a questa età, contrassegnata da intense emozioni e tempeste ormonali, che possono comparire timori e preoccupazioni riguardo alla propria identità sessuale.

Generalmente, gli adolescenti non parlano tra loro del tema dell'omosessualità, se non in tono scherzoso per dileggiare i compagni ed esorcizzare la propria paura. Tanto meno ne parlano con gli adulti. Si tengono le loro ansie e i loro tormenti chiusi nel cuore. La maggior parte dei ragazzi supererà senza danni lo stadio fisiologico che potremmo definire "dell'omosessualità latente", dirottando investimenti sentimentali e impulsi erotici verso giovani del sesso opposto.

Viceversa, per altri, una minoranza non certo sparuta, ha inizio una travagliata presa di coscienza della propria diversità, che potrebbe diventare un vero e proprio calvario. Non tutti, infatti, arriveranno ad accettare, e a rendere manifesto, il proprio orientamento omosessuale.

Gli adolescenti, alle prese con il riconoscimento delle proprie pulsioni, sentono molto spesso di non poter contare sull'appoggio e la guida degli adulti, i quali, nel migliore dei casi, fanno mostra di non vedere, per non dover affrontare una realtà socialmente ancora imbarazzante, e si guardano bene dal raccogliere domande e dubbi giovanili, camuffati sotto l'apparenza di interesse "culturale", generico e impersonale, riguardo al tema incriminato.

Per questi adolescenti, abbandonati alla loro solitudine, la scoperta e la pratica del sesso, desiderato e temuto a un tempo, passano attraverso un sofferto apprendistato, che non risparmia angoscia e vergogna; talvolta, disperazione. Se a ciò si aggiunge il conflitto aperto con i genitori, che sfocia in un drastico rifiuto dell'identità sessuale dei figli, il danno è completo.

L'esito di questo andamento è l'emarginazione in un mondo separato, dove il sesso rischia di diventare un richiamo ossessivo, alla ricerca di un partner prevalentemente occasionale. Per un giovane omosessuale, infatti, sembra ancora più arduo riuscire a coniugare sesso e sentimento. Eppure, un rapporto d'amore intenso e duraturo è l'aspirazione di ogni giovane individuo che, con l'ingresso nell'adolescenza, si risveglia alla vita affettiva. Omosessuale o eterosessuale che sia.

Nella ricerca di qualcuno che possa corrispondere all'esigenza di accettazione, completamento e partecipazione emotiva che caratterizza ogni legame d'amore profondo e vicendevole, i giovani si trovano facilmente in conflitto con i modelli culturali e mediatici imperanti, di cui rifiutano la logica alienante e strumentale più spesso di quanto non si creda. Per un fondamentale e naturale bisogno di accordare l'eros con i sentimenti, di percepirsi "interi", pienamente appagati e rassicurati a livello affettivo.

I modelli di sessualità proposti dalla cultura degli adulti sono, in linea di massima, inadeguati rispetto ai bisogni giovanili. Rispecchiano, infatti, le tendenze di un immaginario che tradisce un egocentrico bisogno di compensazione, piuttosto infantile, relativo alle deludenti esperienze della vita quotidiana e un bisogno di affermazione del proprio potere contrattuale nel rapporto con l'altro sesso, che continua a soffrire della disparità di sempre.

I pregiudizi sessisti sono ancora saldamente radicati. E non solo per responsabilità maschile. Troppe donne, anche molto giovani, si prestano infatti a incarnare uno stereotipo femminile che corrisponde a mortificanti aspettative maschili e alle fantasie erotiche di un uomo che continua a considerarsi sovrano e cacciatore: un'immagine costruita sui criteri dell'estetica, della seduzione, della pornografia. Esaltazione di un corpo spersonalizzato, che nega la fondamentale funzione dell'affettività nella conquista dell'equilibrio e del benessere psicologico.

Attualmente teenager poco più che bambine vengono catturate, e spesso bruciate, dalle lusinghe del mondo della moda e dello spettacolo. In compenso, i maschi ricevono un apprendistato all'insegna della sopraffazione, della violenza, della ricerca del potere. Non è infrequente, in alcune circostanze, che gli adulti, genitori compresi, si rivelino capaci di cinismo e sfruttamento tali da annientare irreparabilmente, nei bambini e negli adolescenti, la fiducia in se stessi e nel prossimo, l'amore per la vita. Anche la sessualità può così diventare un ambito in cui, invece di sperimentare una calda intimità di affetti, entrano in gioco rapporti di forza e comportamenti aggressivi.

La concezione del sesso da parte degli adulti rispecchia, in molti casi, la loro difficoltà a farsi coinvolgere sul piano profondo della vita interiore, che richiede stabilità emotiva, superamento della paura del rifiuto, capacità di impegnarsi in una relazione amorosa. Il sesso diventa l'unica moneta di scambio con il partner, un gioco di ruolo che consente di mantenere un rapporto sostanzialmente impersonale. In questo tipo di approccio risulta evidente il ruolo marginale dell'affettività.

I giovani, invece, hanno un assoluto bisogno di armonizzare le pulsioni erotiche con gli slanci del cuore. Anche quando sembrano indifferenti o spregiudicati. Cinismo, aggressività, prepotenza, insensibilità e apatia sono quasi sempre maschere che gli adolescenti indossano a scopo difensivo. Perché non ricevono dagli adulti risposte adeguate ai loro bisogni che sono più "normali" di quanto non si pensi: bisogno di accoglienza, di calore umano, di contatto fisico, di indulgenza coniugata a fermezza.

I ragazzi, in generale, reagiscono istintivamente alla paura con atteggiamenti provocatori, che sfidano le capacità di comprensione e di sostegno degli adulti. I genitori dovrebbero avere una funzione rassicurante rispetto alle ansie dei figli, che sono spesso spaventati dai loro stessi impulsi, da un istinto che percepiscono minaccioso, capace di sfuggire al controllo della volontà e della ragione.

La maturazione psicologica dell'individuo nel corso dell'età evolutiva, per approdare a un vantaggioso equilibrio personale, richiede una progressiva integrazione del piano istintuale – estremamente ansiogeno fino a che non si acquisisca fiducia nella forza del proprio Io – con il piano sentimentale.

La separazione del corpo, con le sue reazioni fisiologiche ed emozionali, dalla sfera della vita affettiva, con i suoi trasporti e gli slanci del cuore, può eventualmente essere perseguita e attuata, con cognizione di causa, da un adulto che cerchi intenzionalmente esperienze di sesso esenti da coinvolgimenti sentimentali.

A prescindere da criteri di valutazione moralistici e da eventuali principi ideologici, non per tutti validi, un'opzione di questo genere rappresenta una legittima opportunità di scelta che attiene alla responsabilità personale. Ma per individui ancora in formazione, praticare (come norma e non per gusto dell'avventura) il sesso senza amore risulta fortemente diseducativo, nel senso che favorisce una dissociazione tra i diversi piani che concorrono a costruire l'equilibrio psicologico e l'integrità della persona. E questo danno può risultare irreparabile.

La mia pratica professionale di questi ultimi anni mi sta svelando un quadro, relativo al sesso delle giovani coppie, piuttosto problematico: insoddisfazione cronica, conflittualità manifesta, inadeguatezza relazionale, calo del desiderio, comportamenti regressivi e, non ultime, condotte violente. Mi chiedo sempre che ruolo hanno avuto i genitori nel cattivo apprendimento di questi figli e mi ritrovo, con una frequenza piuttosto allarmante, a riscontrare precise responsabilità da parte degli adulti, che emergono dall'analisi delle interazioni familiari.

I turbamenti e i problemi inerenti alla sfera sessuale, inevitabilmente correlati anche alla tonalità affettiva del rapporto con i genitori, possono condurre, nei casi in cui manchi una corretta gestione del ruolo educativo e affettivo da parte degli adulti, a esiti diametralmente opposti. Da un lato, un'esperienza troppo precoce può catapultare gli adolescenti nell'angoscia e nell'insicurezza, mancando la maturità emotiva che consente di gestire il coinvolgimento con un partner in maniera responsabile ed equilibrata.

All'estremo opposto, giovani in numero non proprio trascurabile tendono a rinviare il momento dell'iniziazione al sesso, a causa di ansie profonde: paura di crescere, percezione di inadeguatezza, sensi di colpa connessi ai veti genitoriali. Con queste premesse, solo un incontro fortunato con un partner che sappia risvegliare, grazie alla forza dei sentimenti e alla capacità di accoglienza, un mondo addomesticato di emozioni troppo a lungo represse sbloccherà l'*impasse* evolutiva e favorirà un'espressione più completa della persona.

Nel caso di una pratica troppo prematura, invece, l'approccio al sesso può risultare destabilizzante, talvolta addirittura drammatico, e lasciare segni emotivi permanenti.

Molto spesso, se l'esperienza sessuale precoce, anziché rimanere episodica, si stabilizza nel tempo, il turbamento iniziale può commutarsi in uno stato di apatia, demotivazione e "anestesia" sentimentale ed emotiva. Non è che apparenza naturalmente: una corazza difensiva che nasconde fragilità e dolore. Gli adulti, purtroppo, tendono a scambiarla frettolosamente per insensibilità e cinismo. Questi giovani rischiano di non potersi riconciliare con il sesso neppure in età adulta, compromettendo il buon funzionamento dei loro rapporti di coppia. Si innamorano, desiderano una vita in comune con il partner, ma si sentono sessualmente frustrati.

Elisa è una di loro: a ventotto anni può vantare una lunga carriera di sesso che, tuttavia, non l'ha messa al riparo dall'insicurezza e dall'inibizione emotiva. Il suo lungo apprendistato, ricco di esperienze con diversi partner, non le ha consentito di entrare in contatto con la sua intimità e di esprimersi emotivamente in senso gratificante. La sua "indifferenza" sul piano sessuale è stata, per molti anni, anche insensibilità affettiva; almeno nella sua percezione.

Elisa si è innamorata una sola volta nel corso della sua vita: dell'uomo che ha sposato a ventisei anni. Dopo tre anni di un rapporto di coppia sofferto, a causa di una difficile intesa sessuale, Elisa ha cercato l'aiuto di uno specialista ed è venuta in terapia. Nell'analizzare la sua storia passata, il ruolo carente dei genitori nella sua educazione affettiva è emerso con particolare evidenza. Sintetizzo qualche stralcio di seduta.

A tredici anni ne dimostravo già diciotto. Questo non ha fatto che amplificare la ansie dei miei genitori che non perdevano occasione per presagire le mie sventure. Eppure, il mio comportamento non era molto diverso da quello delle mie coetanee. Perché dovevo essere considerata in partenza una ragazza perduta? Eppure, erano accuse continue, soprattutto da parte di mia madre che, a partire dai miei quattordici anni, controllava la regolarità del mio ciclo mensile con la precisione di un ragioniere. Mi rinfacciava continuamente la mia scarsa serietà con i ragazzi e profetizzava la mia rovina. Ero talmente stufa di questo ritornello che mi è sembrato giusto cogliere la prima occasione per far accadere quello che i miei genitori sommamente paventavano. Almeno i loro sospetti non sarebbero più stati ingiustificati...

Mi ricordo che, nel corso della mia adolescenza, i discorsi in famiglia riguardavano solo due temi: il sesso e la droga, con tutti i rischi connessi. Nemmeno della scuola si parlava, come accade nella maggior parte delle famiglie. I miei sono sempre stati bacchettoni. Credo che anche loro abbiano avuto una vita sessuale problematica. Li sentivo litigare spesso, soprattutto di notte. Mi sono fatta l'idea che fosse a causa del sesso. Probabilmente ho percepito le accuse di mio padre a mia madre che lo respingeva, anche se non ne ho un ricordo preciso. Perché mio padre, la mattina, era nervoso e mia madre gli teneva il muso. In casa, quindi, c'era spesso tensione. Ovviamente, io ne facevo le spese: i miei mi rivolgevano la parola solo per sgridarmi. Sembravano tutti presi dalle loro diatribe, indifferenti al mio mondo di bambina e poi di adolescente, che in casa si sentiva sola. Almeno avessi avuto una sorella con cui parlare...

Così, gli amici hanno assunto un ruolo importante nella mia vita. I miei genitori hanno cominciato allora ad accorgersi di me, per paura delle mie eventuali trasgressioni. Hanno preso a bombardarmi di raccomandazioni, rimproveri e accuse ingiustificate. Tentavano di ostacolare le mie uscite, di controllare i miei movimenti. Ho dovuto organizzarmi con astuzia per farla franca: mentivo, cercavo la complicità degli amici e approfittavo delle assenze dei miei. Per fortuna, avevano entrambi un lavoro impegnativo, che li teneva occupati tutto il giorno fuori di casa. Ho davvero un brutto ricordo di quegli anni. Nessun dialogo in famiglia: solo ostilità, incomprensione e raggiri.

Avevo solamente quattordici anni quando ho preso la mia prima sbronza e ho perso la verginità. A pensarci ora, potrei considerarlo quasi uno stupro, anche se non c'è stata violenza vera e propria. Ma erano in due, più grandi di me di qualche anno. Io ero troppo poco lucida per essere considerata consenziente. Li avevo conosciuti a una festa, in casa di un amico comune che frequentavo da qualche tempo. Era un ragazzo che godeva di pessima reputazione nel giro della mia scuola. I miei mi avevano impedito di vederlo, ma io lo facevo di nascosto, con la complicità della mia migliore amica che mi copriva, prestandosi a mentire sugli scopi reali delle mie uscite. Quando io dovevo vedere Leonardo, fingevo di incontrarmi con lei per studiare e i miei se la bevevano. È incredibile come, tutto somma-

to, fosse semplice ingannarli, nonostante mi tenessero il fiato sul collo.

Ho un ricordo confuso di quella mia prima volta: certamente spiacevole e piuttosto umiliante. Dopo, ho vomitato. Quell'inizio infelice della mia carriera sessuale non è servito a dissuadermi, perché ho voluto riprovare quasi subito. Non mi rassegnavo al fatto che fosse andata così: volevo fare una verifica. Di verifica in verifica non ho più smesso, anche se non ho mai trovato quello che cercavo.

Le prime volte mi sentivo sporca: spesso, al termine di un rapporto, vomitavo. Poi mi sono abituata; anzi, mi sembrava di essere proprio anestetizzata, di non provare più nulla, neppure sensazioni spiacevoli. Così, è diventata routine. Per molti anni mi sono accontentata di esperienze deludenti: ragazzi che non amavo, che non mi amavano. E non ho mai conosciuto il piacere... Ho imparato a fingere l'orgasmo, come fanno molte donne. Mi sembrava di non farmene un problema, anche se non ero felice.

Ma quando mi sono innamorata di mio marito e, forse per la prima volta, ho sentito di desiderare un uomo, sono entrata in crisi: anche con lui il sesso si è rivelato un disastro. Il mio desiderio si spegneva subito, non appena cominciavamo a fare l'amore.

Mio marito non capiva e io neppure. Mi sentivo in colpa e ho cominciato a fantasticare, nel tentativo di mantenere l'eccitazione a livelli accettabili. Altrimenti, i rapporti diventavano troppo sgradevoli. Le mie fantasie erano un po' perverse. Avevo bisogno di immaginare di essere legata e posseduta con la violenza: tutto sommato, un vero e proprio stupro. Me ne sono sempre vergognata. È la prima volta che ne parlo a qualcuno; con mio marito non ho mai osato, ovviamente.

Adesso penso che, se i miei genitori non mi avessero ossessionata con le loro fobie sul sesso, non avrei avuto, per reazione ai loro tormentoni, così fretta di saltare il fosso. O se avessi avuto un rapporto diverso almeno con mia madre, avrei potuto confidarmi con lei ed evitare tante esperienze sbagliate. Nessuno mi ha fatto da guida.

I miei genitori li ho sentiti sempre indifferenti o nemici. Quando non mi trascuravano, mi attaccavano ingiu-

stamente. È vero, io ho tradito la loro fiducia e ho commesso molti errori, ma li ho pagati in prima persona. Credo, comunque, che un adolescente non dovrebbe essere spinto all'esasperazione, né sospettato gratuitamente, ancor prima di aver trasgredito.

La storia di Elisa ci offre spunti per riflettere ulteriormente su alcuni temi legati alla sessualità. Primo fra tutti quello del sesso occasionale, agito con un partner sostanzialmente sconosciuto, comunque non amato.

Per le passate generazioni, si trattava perlopiù di una questione squisitamente di ordine morale. Genitori ed educatori richiamavano ai giovani il primato dei valori e dei principi attinenti alla concezione etica della nostra cultura: rispetto del corpo, rifiuto di un orientamento relazionale basato sulla strumentalizzazione, salvaguardia della dignità della persona, necessità di controllo razionale sulle pulsioni istintive, ideali religiosi, e così via.

Ma nel corso degli ultimi due decenni, il sesso praticato con partner occasionali, al di fuori di un rapporto di coppia stabile, ha perso, per buona parte, la sua valenza di esperienza trasgressiva per assumere i connotati di una spaventosa minaccia alla propria incolumità, di un reale attentato alla vita.

Se un tempo i giovani erano mossi da un misto di curiosità finalizzata alla ricerca di emozioni esaltanti e di sfida alla monotonia delle regole stabilite dagli adulti, attualmente l'aspirazione a lasciarsi guidare dalla genuinità dell'eros si scontra con il pericolo concreto di un'epidemia inarrestabile, che ha già fatto più morti di molte guerre sanguinose degli ultimi decenni.

Il terrore dell'Aids ha creato nuovi tabù. Ha tracciato nuovi confini tra ciò che è lecito e ciò che è proibito, senza che questi limiti abbiano a che fare con i criteri della morale. Nello stesso tempo, sembra aver ucciso la spontaneità: niente più sesso libero, con quel gusto della trasgressione che rendeva l'esperienza così eccitante per gli adolescenti delle generazioni passate. La paura può inibire la ricerca di un'intimità che è percepita come una condizione di massimo pericolo.

L'Aids ha dunque generato una grande ansia intorno al sesso e sottratto piacere alla trasgressione. Non sono solo gli adulti a sentirsi angosciati e a temere per i propri figli, subissandoli di raccomandazioni e oberandoli di controlli ossessivi.

Anche i giovani risultano sfavorevolmente condizionati dalla diffusione dell'Hiv: fare l'amore può diventare un "problema" con gravi controindicazioni. Inoltre, per molti di loro, i vissuti colpevolizzanti, da sempre associati al sesso, hanno trovato un canale di applicazione efficacissimo. La tormentosa sensazione di un'incombente colpa da espiare si materializza facilmente nella prospettiva della malattia e della morte.

È pur vero che non sono pochi gli individui autodistruttivi, portatori di un'incoscienza al limite del patologico. Sospinti dal gusto del rischio e della sfida, oltre che da un insano istinto di morte, giocano d'azzardo con la vita, trascurando irresponsabilmente la prevenzione (l'uso del profilattico è frequentemente rifiutato dalle nuove generazioni...). Tuttavia, sono sempre più numerosi i giovani che si orientano verso la "normalità", alla ricerca di rapporti di coppia regolari e, dunque, tradizionali, che li induce a seguire le orme di genitori tante volte criticati e contestati.

Un ulteriore spunto di riflessione fornitoci dalla storia di Elisa riguarda il connubio sesso-violenza. Fantasie erotiche legate alla violenza sono presenti anche in molti adulti. Queste fantasie rivelano, in parecchi casi, un'incapacità di vivere il sesso al di fuori del dualismo dominio-sottomissione, con inevitabili connotati aggressivi, più o meno esibiti; incapacità che può derivare anche da un'esperienza affettiva estremamente carente e da un apprendimento relazionale scorretto, che riduce i rapporti interpersonali a meri conflitti di potere.

Inoltre, diventa inevitabile domandarsi quali riferimenti i genitori abbiano saputo trasmettere ai figli, non solo in termini di principi e di valori, ma anche di consapevolezza dei propri bisogni emotivi e di riconoscimento di quelli altrui. E, ancora, mi domando quanto i genitori siano in grado di insegnare ai propri figli il valore della persona, il rispetto di sé e un armonico raccordo della sfera sentimentale con le pulsioni del corpo.

In effetti, un altro fattore sottostante all'incapacità di vivere il sesso in modo paritario e appagante, invece che conflittuale e svilente, è certamente da ricondurre alla scarsa valorizzazione di sé. Un'allarmante percezione di inadeguatezza induce a trascurare i propri legittimi bisogni, a subire sopraffazione e violenza o, al contrario, a reagire alla paura con l'aggressività. Perché si ritiene di non meritare di meglio, di non poter aspirare al rispetto e all'apprezzamento della propria persona.

Il tema del rispetto della persona, indispensabile premessa a un corretto approccio alla sfera sessuale, mi induce a richiamare l'attenzione dei genitori sul naturale senso del pudore dei bambini, così spesso trascurato dagli adulti. I quali non sempre trattano il corpo infantile con la delicatezza e la discrezione che meriterebbe. E non sto parlando dei casi di abuso, perversione e pedofilia. Sto parlando di adulti "normali", ma disattenti e superficiali, che non tengono in alcun conto le pulsioni erotiche dei bambini (presenti fin dalla prima infanzia), i loro turbamenti emotivi e quel naturale bisogno di riservatezza che accompagna la loro scoperta del corpo e delle sue funzioni.

Molti genitori, per fare un esempio concreto, condividono l'uso della stanza da bagno con i figli, della vasca o della doccia per lavarsi. La promiscuità non allena al rispetto dell'intimità personale e non agevola il senso del pudore (da non confondere con l'inibizione...), che induce al rispetto del proprio corpo e di quello altrui.

I pediatri, oltre agli psicologi, possono testimoniare l'attuale diffusione di consuetudini e comportamenti genitoriali che andrebbero fermamente scoraggiati. Il più radicato: dividere il lettone con i figli per dormire l'intera notte, per molte notti, talvolta per anni. Il letto dei genitori può rappresentare eccezionalmente un caldo rifugio nel caso di malattia del bambino, di qualche evento destabilizzante che ha scosso il suo equilibrio psicologico. Oppure, può diventare terreno di gioco, il mattino o la sera, per gratificanti esperienze di contatto fisico e di circolazione affettiva tra genitori e figli. Niente di più.

I genitori sottovalutano facilmente la portata e gli effetti di certe condotte che, tuttavia, hanno sui figli un influsso che potrebbe prolungarsi nel tempo e favorire l'insorgenza di malesseri o, addirittura di manifestazioni sintomatiche. Sono persino troppo numerosi quelli che non riconoscono i loro errori o si assolvono frettolosamente, appellandosi alla bontà delle loro intenzioni.

Gli adulti, in generale, preferiscono dirottare la responsabilità educativa, o meglio diseducativa, sui "cattivi maestri" che il nostro sistema sociale sponsorizza così attivamente: pubblicità, televisione, cinema, giornali ecc. Viceversa, io rimango convinta che i genitori abbiano la facoltà di risultare più influenti, in senso positivo e negativo, di qualunque condizionamento culturale esterno alla famiglia. Perché l'amore rimane lo strumento educativo più potente ed efficace. Solo da chi ci ama con intensità e franchezza siamo disposti ad accettare lezioni di vita.

C'è dunque spazio per interventi correttivi da parte dei genitori, al fine di contrastare l'invasione di modelli diseducativi, che trascurano le esigenze affettive degli individui.

È pur vero che gli stereotipi relativi alla sessualità, veicolati dai potenti canali mediatici, sono prevalentemente improntati alla dissacrazione del valore della persona, alla fatuità dell'immagine, all'imposizione (che è altro dall'affermazione!) narcisistica dei propri bisogni infantili e all'aggressività che sempre si accompagna all'assenza di meccanismi di controllo degli impulsi e di validi sistemi normativi di riferimento.

Questi modelli, frutto dei bisogni distorti e delle fantasie mistificate degli adulti, vengono, direi quasi ossessivamente, sottoposti all'attenzione, spesso acritica, dei più giovani. Non si può sottovalutarne la portata di suggestione e di allettamento. Promesse illusorie di potere, salute, felicità e successo vengono sbandierate senza alcun pudore e rispetto del principio di realtà. Con lo sfondo di questa propaganda, sesso e prevaricazione (che significa mancanza di rispetto per gli altri, comportamenti aggressivi e, forse, addirittura violenza) risultano facilmente appaiati.

La famiglia può rinforzare un conformismo passivo alla mentalità corrente e al suo orientamento spersonalizzante. Oppure contrastarlo, se non abdica al suo ruolo educativo, che richiede, innanzitutto, un atteggiamento di ascolto empatico, di calda partecipazione e di dialogo aperto con i figli da parte dei genitori. I quali non devono rinunciare alla facoltà di proporre modelli di vita alternativi. Ovviamente, un ulteriore requisito, altrettanto essenziale, consiste nella coerenza dello stile di vita familiare con il sistema di valori proposto.

Si rassegnino, dunque, i genitori: educare i figli è proprio affar loro; in primo luogo, affar loro. Certamente, condividono la responsabilità educativa con altri sistemi di riferimento. Potranno, infatti, essere coadiuvati o contrastati dall'influenza di interventi e stimoli esterni, provenienti dalla scuola, dalla compagnia degli amici, dai mezzi di comunicazione, dai modelli di comportamento imposti dall'attuale cultura giovanile. Ma, alla resa dei conti, nessun input si rivela altrettanto potente quanto le parole e i gesti amorevoli di un genitore sensibile e partecipe della vita dei figli.

5.

Libertà e responsabilità

Scuola e famiglia: la corresponsabilità educativa

Spesso gli adulti identificano, banalizzando, il senso di responsabilità con il senso del dovere. La responsabilità personale implica certamente anche il rispetto dei principi morali, delle norme e dei divieti che regolano la nostra vita, ma non è tutto. Essere pienamente responsabili significa anche, e direi essenzialmente, assolvere a un dovere che abbiamo nei confronti di noi stessi: entrare in contatto con la nostra intimità per conoscere la nostra indole personale genuina (bisogni, aspirazioni, inquietudini, pregi, mancanze...), coltivare le nostre doti e sviluppare un progetto di vita coerente con la singolarità del nostro Io. Un dovere che merita tutta la nostra applicazione.

Questo compito presuppone la ricerca di un delicato equilibrio tra l'esigenza, assolutamente apprezzabile, di affermazione personale e il riconoscimento di confini oltre i quali la nostra libertà si scontra con l'arbitrio e i diritti altrui. Talvolta bisogna dunque arretrare, pur senza rinunciare allo scopo di trovare sbocchi ragionevoli ai nostri legittimi desideri e ai propositi di realizzazione del nostro progetto di vita.

Amministrare la libertà personale senza prevaricazioni è un'arte che si impara da bambini: in famiglia, sui banchi di scuola, nei campi sportivi. Ovunque ci siano adulti capaci di gestire correttamente i rapporti interpersonali, di rispettare l'individualità di ciascuno, di contenere la propria ansia e di farsi carico di quella dei giovani soggetti loro affidati.

Se, come spesso succede, il contesto relazionale è improntato alla competitività esasperata, all'intolleranza della diversità, al trionfo del conformismo e dell'apparenza, poco spazio rimane per l'autonomia delle scelte e la libertà d'espressione.

Anziché promuovere nei bambini e negli adolescenti il desiderio della conoscenza di sé e del mondo, l'interesse per la ricerca di percorsi innnovativi più aderenti alle singole personalità, gli adulti tendono a sospingerli verso modelli convenzionali preconfezionati ai quali attenersi.

Talvolta il condizionamento è diretto ed esplicito, ai limiti del dispotismo. In altri casi risulta meno palese e si mimetizza dietro un'apparenza ingannevole di permissività, che viene contraddetta dai ricatti affettivi e dagli atteggiamenti manipolatori degli adulti, non appena i ragazzi manifestano preferenze e intenzioni che non si conformano alle loro aspettative.

Il tema della libertà di pensiero e di comportamento, inevitabilmente connesso a quello della responsabilità personale che dovrebbe maturare lungo il corso dell'età evolutiva, riguarda tutti i diversi contesti sociali di apprendimento, al cui interno gli individui in crescita sperimentano con fatica la necessità di farsi progressivamente carico della loro vita. Dunque, anche la scuola.

La scuola, subito dopo la famiglia e, almeno nelle intenzioni, in stretta cooperazione con la medesima, è l'ambito formativo più influente negli anni dell'infanzia e dell'adolescenza. Nel bene e nel male. In realtà, purtroppo, più spesso nel male. Miriadi di studenti hanno vissuto la loro carriera scolastica come un incubo, una calamità, una vera e propria tortura; incapaci di trovare nello studio stimoli e gratificazioni. Al contrario, ne hanno ricavato un profondo senso di inadeguatezza e vissuti di frustrazione difficilmente riparabili. In molti casi, hanno inoltre sviluppato ostilità e rigetto nei confronti del mondo degli adulti, e del sistema di norme e valori che lo rappresenta.

È inevitabile che individui in formazione, alle prese con il delicato compito di costruire la propria identità personale e, per conseguenza, il proprio destino di adulti, risultino fortemente coinvolti sul piano emotivo all'interno di un processo in cui il contesto relazionale dell'apprendimento ha un ruolo di primo piano.

In questa stagione cruciale della vita, troppi turbamenti, troppe aspettative, troppi conflitti, troppi desideri sono in gioco nel rapporto con gli adulti. Come difendersi dalle inquietudini dell'infanzia? Dalla paura del giudizio di genitori e insegnanti e dall'angoscia della perdita del loro affetto e della loro protezione? Come sottrarsi all'incalzare tumultuoso degli ardori e delle ribellioni che costellano l'adolescenza? Come oltrepassare indenni, superando un lacerante travaglio interiore e contrasti esterni palesi, quella tenue linea di confine tra confronto e scontro con gli adulti, che prelude necessariamente alla consapevolezza matura e allena allo scambio paritario con il prossimo?

Tuttavia, l'investimento emotivo da parte dei giovani discenti non è l'unico prerequisito essenziale all'apprendimento. La trasmissione del patrimonio etico e culturale da una generazione all'altra, per risultare efficace, deve implicare un coinvolgimento affettivo anche da parte dell'adulto, che sappia essere una presenza vigile senza risultare invasiva; che sappia guidare, stimolare e al tempo stesso rassicurare. I ragazzi hanno bisogno, per apprendere, di sentirsi "ben voluti", riconosciuti nella loro individualità, apprezzati per i loro meriti e, soprattutto, accettati con le loro inevitabili contraddizioni, con i loro limiti e le loro intemperanze.

Devono inoltre cogliere la validità della proposta educativa e la sua attualità. Devono percepire che ha un legame con la loro vita, che "c'entra" con il loro mondo giovanile, prima ancora che con il mondo più vasto degli adulti. Dovrebbero sentirsi attratti e interessati rispetto ai temi degli interventi pedagogici e didattici di cui sono i destinatari; dovrebbero potersi appassionare, e perfino emozionare.

Sappiamo tutti, invece, come frequentemente l'emozione sia bandita dall'aula scolastica. A eccezione, naturalmente, dei vissuti di paura, di inadeguatezza e di rabbia. Io intendo, invece, parlare di entusiasmo, di passione, di quella scintilla che si accende ogni volta che ci sentiamo chiamati in causa in prima persona, quando la vita ci richiede intensa partecipazione al dipanarsi degli eventi e al grande dialogo collettivo.

In realtà, spesso la scuola è avulsa dall'esperienza dei ragazzi, perché non contempla la necessità di coltivare i loro peculiari interessi, le loro esigenze emotive e un tipo di apprendimento all'affettività che esula dal trasferimento di un sapere finalizzato prevalentemente all'istruzione.

Con questi presupposti si trascura un fondamentale principio: è possibile imparare ad amare la scuola e i suoi insegnamenti solo nell'ambito di una relazione affettiva in cui il docente-educatore risulti prioritariamente interessato alla singolarità dell'allievo, alla comprensione delle sue attitudini e delle sue risorse, evitando di ridurre la preziosa umanità di ogni individuo alla sola dimensione razionale-cognitiva.

Spesso, invece, al di là delle convinzioni teoriche e delle dichiarazioni di intenti, è questa la sfera che insegnanti e genitori finiscono per coltivare con grande determinazione nell'ambito scolastico, confondendo praticamente in senso limitativo formazione con istruzione. In effetti, per quanto si dichiarino consapevoli della distinzione e si sentano vivamente impegnati nel perseguire le finalità previste da un progetto scolastico che stabilisce un equilibrato connubio tra obiettivi didattici e obiettivi educativi, molti adulti manifestano una eccessiva centratura sul profitto. Un rendimento scolastico positivo è ancora, troppo spesso, semplicisticamente considerato un indice di garanzia e di buona riuscita del processo evolutivo globale di un individuo: una mera condizione necessaria e sufficiente.

Non è infrequente, invece, che un buon profitto scolastico si accompagni a immaturità personale, a scarsa attitudine alla creatività e all'autonomia, a una risposta troppo passiva alle sollecitazioni ambientali, al bisogno di conformarsi alle richieste degli adulti. Per insicurezza, per paura, per mancanza di ingegno e di iniziativa. Temperamenti timorosi, conformisti e inclini alla dipendenza tendono ad aderire pedissequamente a modelli di pensiero preconfezionati, con il rischio che non arrivino mai ad affinare senso critico e a elaborare criteri di valutazione personali.

In questo modo, giovani che sono stati allievi diligenti e laboriosi, con pagelle encomiabili, si ritrovano impreparati e smarriti nel momento in cui il loro ruolo professionale richieda progettualità, intraprendenza e autonomia di scelte e di pensiero. E non di rado ex allievi eccellenti falliscono.

E fosse solo questo... Molto spesso, un'educazione carente sul piano della consapevolezza e dell'accettazione di sé, della gestione dei propri bisogni emotivi, destina all'insuccesso anche nell'ambito dell'affettività e, quindi, della vita relazionale. L'insicurezza, la frustrazione, il disinganno e la rabbia, accumulati nel corso degli anni più formativi, lasciano ferite profonde e favoriscono il mantenimento di una palese immaturità affettiva e la mancata acquisizione di un equilibrio psicologico adeguato.

Quando, come avviene di frequente, mi capita di rivolgermi a genitori e insegnanti per riflettere su questi temi, incontro generalmente disponibilità e consenso. La stragrande maggioranza si dichiara favorevole a questo tipo di approccio. Tuttavia, entrando più approfonditamente nel merito della questione, nei suoi risvolti applicativi, mi rendo conto che molti adulti sono privi, essi stessi, di una competenza che non si insegna e non si impara grazie a tecniche e sussidi didattici, ma attraverso lo scambio relazionale e un orientamento favorevole alla libera espressione del proprio pensiero, delle proprie aspirazioni e dei propri vissuti emotivi.

Un'obiezione che spesso mi sento rivolgere dagli insegnanti più tradizionalisti è che non si può pretendere che un insegnante faccia lo psicologo. In realtà, gli si richiede semplicemente di svolgere un compito pienamente educativo, non solo didattico: lo stesso che compete a un genitore e a tutti gli adulti che si pongono o, di fatto, vengono identificati come riferimento per i soggetti in età evolutiva.

Se gli adulti si sottraggono, spesso inconsapevolmente

e in maniera non intenzionale, al compito di leggere e decodificare il linguaggio emotivo dei ragazzi, cogliendone bisogni inevasi e tacite richieste, falliranno l'obiettivo della formazione.

Molti adulti hanno, in prima persona, un cattivo rapporto con la sfera dell'affettività. Non hanno, a loro volta, imparato a riconoscere il loro prezioso e singolare patrimonio umano, né a esprimere il loro potenziale emotivo, essendo stati semplicemente allenati alla riproduzione di modelli di pensiero e di comportamenti appresi, alla gestione di ruoli e rapporti stereotipati.

Se non abbiamo la chiave di accesso al mondo dei nostri bisogni profondi e delle nostre emozioni, come pretendere di fare breccia nell'intimità altrui? In particolare: come pretendere di capire gli impulsi, i tormenti, i desideri, le paure che agitano il cuore dei ragazzi? Come aiutarli a districare quel groviglio di sentimenti e tensioni se noi, per primi, abbiamo paura di quello che agita il nostro cuore? Riusciremo soltanto a farli sentire rifiutati, infelici e rabbiosi.

È quello che è capitato a Francesco, a suo tempo bambino, e poi adolescente incompreso da genitori piuttosto rigidi e anaffettivi, oltre che angariato da insegnanti che tendevano a mostrarsi insensibili e fiscali. Il bilancio dei primi dieci anni (e dieci anni sono lunghi...) della sua carriera scolastica, a partire da un impatto disastroso, è una lunga sequela di insuccessi, rimproveri e sanzioni, da cui ha ricavato un acuto senso di vergogna e di fallimento personale che l'ha perseguitato fino ai sedici anni, al suo ingresso in prima liceo classico.

La percezione di Francesco, percezione senz'altro realistica, è che il nodo della sua deludente esperienza scolastica si sia sciolto allora, per iniziativa di un adulto che, per la prima volta nella sua travagliata esistenza di figlio e allievo precocemente stigmatizzato, ha saputo guardarlo senza pregiudizi e vederlo, dunque, in una luce diversa. La situazione si è rapidamente sbloccata, permettendo a Francesco di imparare finalmente a esprimere il potenziale delle sue risorse.

Ecco il resoconto della sua esperienza attraverso le sue stesse parole.

Oggi è stato il mio primo giorno di scuola. Sono entrato in classe con il cuore in gola, e la preoccupazione che il senso di terrore che provavo potesse trasparire dal mio respiro corto, dal mio sguardo turbato e dalla mia voce incrinata per l'emozione. Quattordici paia di occhi mi hanno fissato con insistenza. Credo che mi abbiano immediatamente soppesato, preso le misure, per avvantaggiarsi e capire com'ero fatto, per cogliere in anticipo pregi e debolezze, pallini e idiosincrasie del loro nuovo insegnante di lettere.

Il panico mi ha abbandonato presto: giusto il tempo di rendermi conto che il mio disagio era, per buona parte, l'eco del senso di inadeguatezza che avevo provato un tempo, e lungamente, in relazione alla scuola. All'epoca, si capisce, a ruoli invertiti. Allora, ero io che osservavo ansiosamente i miei insegnanti, in attesa dell'immancabile mazzata che mi avrebbe colpito, neanche tanto inaspettatamente, tra capo e collo. Fin dall'inizio della mia carriera scolastica, infatti, i rimproveri e le punizioni, le occhiate di disapprovazione e le parole di biasimo sono stati, per me, prassi corrente.

Mi ricordo perfettamente com'è cominciata. Il mio primo giorno di scuola è stato catalogato nella mia memoria come un vistoso fallimento personale, ma anche come una delle più grosse ingiustizie patite nel corso della mia esistenza. A quanti scolari, il primo giorno delle elementari, sarà capitato di subire la mia stessa ignominiosa iniziazione nei bagni della scuola? Perché è lì, mamma, che mi hai portato, per darmi un paio di sculacciate, allo scopo di vincere le mie resistenze, che, non appena varcato il portone della scuola, si erano manifestate con un incontenibile pianto disperato. Tu non hai trovato di meglio che punirmi. Mi hai detto con rabbia che ti vergognavi del mio comportamento da bambino piccolo, incapace di trattenere le lacrime e di controllare le sue paure. Tu temevi il giudizio della maestra e delle altre madri e solo di quello ti preoccupavi, non certo della mia angoscia. Mi hai fatto sentire così in colpa...

Adesso so che non ero io responsabile di quel pianto e della mia paura di separarmi da te e di affrontare il mondo esterno. Non ero responsabile del modo in cui ero stato allevato: sempre attaccato alle tue gonne, senza fratelli, pochissimi amici con cui giocare. Niente scuola materna: all'epoca, andavi ripetendo che, siccome non avevi un lavoro fuori casa, potevi occuparti di me personalmente.

Con queste premesse e il mio disastroso impatto con la scuola, chi avrebbe mai pensato che sarei arrivato ad amarla? Non tutte le materie, s'intende. In ogni caso, molto tardi, dopo anni e anni di tormenti. Sempre con la tremenda sensazione di non valere nulla e di essere condannato all'infelicità. Fino al liceo, e al solo insegnante che è riuscito ad aprirmi gli occhi: su di me e sul mio futuro destino di adulto.

Negli anni disastrosi della scuola elementare e della scuola media voi le avete tentate tutte, con le buone e con le cattive: cambiamenti di scuola, ripetizioni, suppliche e, soprattutto, ricatti. Mille volte mi avete minacciato di rinchiudermi in un collegio, di impedirmi di giocare a calcio, di non lasciarmi più uscire di casa. Ma a proposito dei miei insuccessi scolastici, più della vostra collera, mi pesava la vostra disistima: non solo mi attribuivate cattiva volontà, ma anche e soprattutto scarsa intelligenza. E questo secondo pensiero, credo, vi riusciva intollerabile: passi un figlio pigro e indisciplinato... ma ottuso, no.

Lo stesso pensavano di me a scuola: che fossi poco brillante e senza qualità, perché i voti erano l'unico metro di giudizio. Il sillogismo su cui si fondava il giudizio negativo formulato sulla mia persona è ancora oggi per moltissimi insegnanti (quanti miei colleghi la pensano così...) assolutamente valido: se il rendimento scolastico è insufficiente, allora tu non vali nulla. Non sei una persona con il suo originale patrimonio di qualità da scoprire e valorizzare; sei semplicemente una costellazione di cifre o di lettere che a quelle cifre rimandano, sei una fredda e anonima scheda di voti e di giudizi. È questo senso di inadeguatezza totale che ho interiorizzato fin dalla prima elementare e che, solo dopo lunghi anni di patimenti e delusioni, ho faticosamente rimosso.

Ricordo, in prima liceo, il vostro stupore e soprattutto il vostro scetticismo, nel sentire il professor Marelli che vi parlava di me in termini elogiativi. Era il vostro primo colloquio con lui, sollecitato da lui stesso. Mi aveva preannunciato che vi avrebbe convocati e mi aveva proposto di presenziare all'incontro, perché sentissi quello che aveva da dirvi. Anch'io mi sono un po' stupito, piacevolmente, nell'ascoltare le sue parole, ma non più di tanto. Con lui intrattenevo già da tempo un fitto dialogo e sapevo come la pensava riguardo alla mia disastrosa esperienza scolastica precedente e al difficile rapporto che vivevamo in famiglia. Lui è riuscito ad aprire la mia ostrica; ha trovato la breccia per schiudere il mio guscio difensivo, fatto di ostilità e di scoraggiamento. L'ha trovata perché era interessato a conoscermi, a scoprire chi si nascondeva dietro quell'irritante maschera di adolescente difficile. Così ero considerato da voi, i miei genitori: problematico e piuttosto ritardato.

Adesso mi chiedo: come possono dei genitori non concedere ai loro figli il beneficio del dubbio, non sentire il desiderio di ascoltare le loro ragioni; anzi, giudicarli falliti in partenza, senza possibilità di appello? Come possono lasciare a un estraneo il compito di amare veramente il proprio figlio? Per amare intendo accettarlo con le sue difficoltà e i suoi tempi di maturazione, offrirgli comprensione e sostegno, insegnargli ad apprezzarsi, aiutarlo a scoprire i suoi talenti e a vincere le sue paure. Come ci si riesce?

Vi do una traccia per risolvere l'enigma. Non ve l'ho mai rivelato prima. Voglio raccontarvi come il professor Marelli è riuscito a scuotere la mia inerzia e a trasmettermi fiducia e speranza. Ve lo racconto io, perché con lui, di me, non avete più parlato: quel famoso primo incontro non ha avuto seguito. A colloquio con il professore di lettere non ci siete mai più andati: come si era permesso, sostenevate risentiti, di farvi la predica in mia presenza? Io, per tutti gli anni del liceo, mi sono ben guardato dal rivelarvi qualcosa di me, delle mie lezioni, delle mie scoperte, del mio risveglio alla vita. A voi bastava che io avessi ormai cominciato ad avere un profitto accettabile in quasi tutte le materie e a frequentare la scuola con un atteggiamento visibilmente cambiato.

Del resto, al dialogo in famiglia non eravamo avvezzi. La comunicazione tra noi è sempre stata a senso unico: voi parlavate, parlavate tanto, ma solo per rifilarmi prediche e per criticarmi. Io tacevo, nascondendo la mia rabbia dietro un atteggiamento chiuso e scostante, che vi esasperava.

Al liceo mi ero iscritto per "rappresaglia". Pensavate tutti, voi e i miei insegnanti delle medie, che più di una scuola professionale non avrei potuto permettermi. Vi è parsa strana la mia caparbietà nella scelta di un corso di studi così impegnativo, ma avete acconsentito perché solleticava il vostro amor proprio. Sono certo, comunque, che non avreste scommesso cinque lire sulle mie possibilità di successo. Marelli, invece, ha investito subito su di me, sicuro che ce l'avrei fatta.

Un bel giorno, dopo un paio di mesi dall'inizio delle sue lezioni di letteratura italiana, trascorse come sempre nell'ombra e nell'isolamento, Marelli mi avvicina durante un intervallo e, smentendo le mie previsioni allarmistiche ("Ci siamo," mi sono detto, "adesso attacca la predica..."), mi annuncia che, essendo rimasto favorevolmente colpito dal mio comportamento taciturno e riflessivo, ha una proposta da farmi. Con profonda sorpresa, ascolto parole inedite: "Credo che tu sia un buon pensatore e avrai certamente dei gusti personali interessanti. Sembra che tu non ti rassegni a conformarti pedissequamente al programma scolastico. Può essere un ottimo segno, che va sfruttato al meglio. Del resto, anch'io faccio fatica a rimanere troppo legato al programma. Per apprendere in modo efficace, bisogna spaziare più liberamente, tenendo conto delle nostre preferenze e degli interessi della nostra vita".

Sono rimasto esterrefatto. Era la prima volta che il mio silenzio e la mancanza di partecipazione alle lezioni venivano interpretati in senso positivo, come espressione di una diversità qualificante, invece che emarginante. Ero visto per la prima volta come un allievo non omologato, con una sua personalità originale che doveva trovare uno sbocco per manifestarsi.

Per farla breve (non starò a tediarvi con il resoconto dei numerosi segnali di incoraggiamento e di approvazione che ho avuto da lui nel corso di quel primo anno di li-

ceo e negli anni successivi...), la proposta di Marelli è stata di setacciare la biblioteca della scuola, per la quale mi avrebbe fatto avere dal preside libero accesso e il permesso di prelevare tutti i testi che volevo, alla ricerca di autori, poesie, argomenti letterari alternativi a quelli previsti dal programma. Avrei, di volta in volta, proposto il materiale prescelto ai miei compagni, perché ne discutessimo insieme e selezionassimo temi di comune interesse. Un buon numero di ore di lezione sarebbero state dedicate, infatti, a un programma libero e complementare, dopo aver ridotto alle linee essenziali il programma didattico ufficialmente previsto.

Vi lascio immaginare quanto vistosamente sia cambiato il mio ruolo all'interno della classe. Mi era stato offerto un ruolo di responsabilità e di stimolo anche a vantaggio dei miei compagni. Tutti, chi più chi meno, ci siamo appassionati a questo lavoro di ricerca e di costruzione di una sezione di programma personalizzata, che comunque passava attraverso il primo filtro delle mie preferenze e delle mie proposte.

Così la mia vita è cambiata, a mano a mano che cambiava l'opinione che gli altri (e, di riflesso, anch'io) avevano di me. Marelli ha lavorato bene, metodicamente, aiutandomi quando stentavo, incoraggiandomi quando mi demoralizzavo e riprendendomi con fermezza se mi impigrivo. Non è quello che dovrebbe fare un genitore?

Ora che sono insegnante anch'io, mi chiedo di quali appoggi o privilegi godesse Marelli per potersi muovere così liberamente nel collegio docenti e nei consigli di classe, prendendo iniziative estemporanee che molti colleghi avranno certamente criticato. È vero che frequentavo una scuola privata e il nostro preside era un gesuita "illuminato", ma io credo che, in un contesto scolastico come il nostro, così carente e spersonalizzante, se sei un insegnante che ha a cuore l'individualità degli alunni e hai delle idee su come coltivarla, non è improbabile che ti lascino tentare.

La passione per la letteratura, risvegliata in me dalla felice intuizione del professor Marelli e permeata del nostro affetto reciproco, ha avuto il potere di riconciliarmi con lo studio. Non ho mai avuto dubbi sul fatto che lui mi vo-

lesse bene. Il suo affetto lo sentivo, lo respiravo nell'aria. Del vostro ho dubitato a lungo. Ma adesso che, insieme a Lorena, sto già fantasticando sulla mia vita di futuro padre, mi sento nel cuore un'indulgenza nuova. In fondo, la mia vita non è andata perduta. Di quel bambino ritardato e infelice non c'è più traccia. Adesso c'è solo un uomo che, malgrado la vostra cecità e i vostri errori, ha trovato la sua strada. Sono assolutamente intenzionato a tenerne conto quando sarò padre a mia volta. Farò anch'io certamente degli errori, ma non quello di giudicare frettolosamente mio figlio, di ignorarne i sogni e le paure, di negargli comprensione e indulgenza.

Il rapporto genitori-figli trova nella scuola un veicolo davvero pregnante di comunicazione e di trasferimento di contenuti, non solo normativi, ma soprattutto affettivi. Forse, per troppi anni, il più significativo.

Nella stragrande maggioranza delle famiglie con figli in età scolare, la scuola rappresenta l'argomento di conversazione nettamente più gettonato. Per iniziativa dei genitori, s'intende. I quali ripongono nel rendimento scolastico dei figli aspettative che spesso hanno a che fare con dinamiche di ricerca di risarcimento e compensazione rispetto ai loro personali vissuti di inadeguatezza e di fallimento.

Un bisogno di riscatto tormenta la mente e il cuore di molti adulti, che sognano per i loro figli un destino diverso, che li ripaghi delle loro fatiche, delle loro rinunce e delle loro manchevolezze. Che cosa c'è di meglio che presentare al mondo un figlio ben "riuscito" (leggi: con un profitto scolastico invidiabile), a testimonianza del proprio valore personale e della propria competenza educativa? Come se il successo scolastico dei figli potesse espandersi e permeare per osmosi l'essenza dei genitori, con l'effetto di colmare le lacune della loro personalità, del loro ingegno e della loro intraprendenza.

A ciò si aggiunga il bisogno di consenso e di approvazione a livello sociale, che induce moltissimi adulti all'adeguamento passivo a modelli stereotipati. In tal modo, alimentano nei loro figli e allievi il conformismo e smorzano creatività e libera iniziativa. Ragazzi docili e disciplinati rappresentano molto spesso l'ideale di genitori e insegnanti che, nell'ambito dell'impresa educativa, puntano al minor dispendio di energie, atterriti all'idea di soccombere nella relazione con i loro combattivi giovani interlocutori.

Bambini e adolescenti percepiscono allora correttamente la scuola come "affare" degli adulti, perché in quel contesto gli adulti investono del loro, spinti da motivazioni personali, di cui neppure si rendono conto. Appaiono, dunque, poco o nulla preoccupati di dare risposta alle esigenze emotive dei ragazzi e alle loro genuine aspirazioni.

Eppure, negli anni della formazione, il bisogno di affermare la propria personalità ancora immatura si accompagna a una richiesta implicita di guida, orientamento e rassicurazione da parte degli adulti, che dovrebbero trasmettere la loro esperienza di vita senza imposizioni. Viceversa, più spesso, magari più per un malinteso senso di protezione che per vocazione all'autoritarismo, gli adulti trascurano di incoraggiare, nei loro figli o allievi, ampiezza di vedute e spirito di iniziativa, verso l'acquisizione di uno spazio personale di autonomia.

In questa opera di livellamento e manipolazione può capitare che scuola e famiglia finiscano per neutralizzarsi a vicenda, compromettendo agli occhi dei ragazzi autorevolezza e credibilità del ruolo educativo su entrambi i fronti. Questo "vuoto di potere" si traduce in una mancanza di riferimenti validi, che avrebbero invece una preziosa funzione supportante e rassicurante. E poi gli adulti si lamentano dell'assenza di valori e di principi morali nei giovani...

I contrasti fra genitori e insegnanti vertono più che altro su questioni didattiche, per le quali molti genitori vantano una competenza che non hanno, o su stili di vita e consuetudini familiari, riguardo ai quali numerosi insegnanti formulano, senza averne conoscenza adeguata, frettolosi giudizi sommari. I contendenti, preoccupati della validazione sociale della propria immagine e del proprio diritto di prelazione in ambito educativo, innescano una simmetria in cui, per malintese ragioni di prestigio personale, perdono di vista la necessità di collaborare alla ricerca di strategie comuni, finalizzate alla comprensione dei ragazzi e all'indagine delle cause delle loro difficoltà di apprendimento e di socializzazione.

Capita, così, che molti bambini e adolescenti si trovino al centro di una contesa di cui percepiscono di essere solo tangenzialmente l'oggetto. Tuttavia si caricano di sentimenti di colpevolezza cui possono reagire in modi diametralmente opposti, a seconda del temperamento: diventando aggressivi o cadendo in depressione. In ogni caso, si sentono soli, senza alleati, perché gli adulti, pur attaccando da fronti diversi, appaiono comunque tutti ostili e distanti.

Al contrario, quando, come nel caso di Francesco, il dissenso scuola-famiglia verte sul metodo educativo, senza scatenare, almeno su un fronte, dinamiche competitive di immagine e prestigio sociale, diventa possibile, pur attraverso un'esperienza sofferta, sciogliere i nodi problematici dell'apprendimento, superare le difficoltà relazionali e modificare l'approccio alla scuola. I giovani hanno infatti l'opportunità di aggrapparsi almeno a una figura adulta disponibile e stimolante, che si pone come referente affettivo, prima ancora che normativo.

Molti insegnanti, pressati dalla responsabilità dello svolgimento di un programma che impone affannose rincorse a tiranniche scadenze, sono portati talvolta a trascurare le attitudini caratteriali e la differente tempistica di apprendimento dei singoli allievi. In pratica, sono previsti percorsi personalizzati solo nei casi di "diversità" certificata clinicamente (deficit percettivi e intellettivi, handicap fisici e psichici ecc.). Nei riguardi degli allievi normodotati (sui criteri che definiscono la normalità ci sarebbe comunque da discutere a lungo...) tendono a prevalere, ancora troppo frequentemente, aspettative di omologazione basate su modelli standard, che lasciano poco spazio alla variabilità e all'interpretazione soggettiva.

La sfida agli adulti

Casi come quello di Francesco stanno a testimoniare quanto valga la disponibiltà degli adulti a cogliere i bisogni individuali dei soggetti in crescita, che parlano il linguaggio scomodo dell'impulsività e della provocazione. Sfidare gli adulti, infatti, è per bambini e adolescenti un'esperienza irrinunciabile. Rappresenta un metodo efficace per misurarsi: per testare le proprie forze, per stabilire i confini del proprio Io. Per conoscere le proprie potenzialità e i propri limiti bisogna confrontarsi e scontrarsi con il mondo "diverso" degli adulti. Soprattutto, è essenziale contrapporsi a qualcuno che accetti la parte di antagonista (non nemico!) senza paura, mantenendo fermezza, credibilità e capacità di contenimento dell'ansia.

I ragazzi, come abbiamo più volte ribadito, anche quelli che appaiono più prepotenti e sfrontati, hanno terrore della propria aggressività, dei propri impulsi distruttivi. Tocca agli adulti rassicurarli, cercando e accogliendo le ragioni profonde della loro rabbia e del loro scontento, ma avvolgendoli anche in una rete protettiva di legittimi richiami e interdizioni. Solo attraverso questa duplice azione può maturare il senso di responsabilità personale.

Non è comunque infrequente che adolescenti turbolenti, i quali non hanno potuto vedere accolta la loro muta e contraddittoria richiesta di autonomia e protezione, abbandonino le loro ribellioni, tornando docilmente all'ovile, spaventati dall'intollerante reazione degli adulti e dal loro rifiuto. La paura di perdere l'affetto dei genitori può inibire, meglio di qualunque altro deterrente, gli slanci vitali e l'ardore della gioventù. È un vero peccato che questi figli, a causa dell'inadeguatezza degli adulti, abbiano perso un'occasione preziosa di ricerca e conoscenza di una dimensione di vita più personale e gratificante.

Gli adulti devono, invece, accettare di "sporcarsi le mani", calandosi senza paura nel loro ruolo di maestri di vita, che implica rigore non meno che benevolenza, e non prevede mai l'astensione e il rigetto della propria responsabilità.

Tra un atteggiamento di prevaricazione invasiva nella vita dei figli e un atteggiamento di astensione pregiudiziale da parte di genitori latitanti sul piano educativo, si registrano fortunatamente anche posizioni intermedie, più benefiche e rispondenti ai bisogni giovanili. Si tratta di casi in cui gli adulti sono capaci di mettersi in sintonia con i ragazzi, sforzandosi di trovare argomenti e toni più convincenti per motivare le proprie richieste di osservanza delle regole e i propri divieti.

Così ha fatto il padre di Giovanni, che ha saputo gestire una inquietante parentesi di crisi del figlio adolescente, scongiurando conseguenze che avrebbero potuto diventare irreparabili.

Giovanni ha conservato di quell'esperienza un ricordo preciso riguardo al ruolo svolto dal padre, al quale attribuisce il merito di averlo guidato e sostenuto nella difficile ricerca della sua vera identità. Anche in questo caso, la gratitudine è frutto di una valutazione a posteriori da parte di un figlio che si è ormai avviato lungo il sentiero della maturità acquisita.

Giovanni ha raccolto in una lettera, indirizzata al padre, riflessioni e parole custodite nel cuore, trattenute a lungo dal pudore dei sentimenti.

Va bene, avevi ragione tu. Adesso lo posso anche ammettere: Giulia non era la donna giusta per me. Meno male che me l'hai impedito. Mi hai impedito di buttare via i miei diciassette anni per inseguire quello che tu saggiamente, a suo tempo, avevi definito un capriccio infantile.

Giulia non era bella, era magra come un chiodo e parlava con inflessioni dialettali. Dimostrava più dei suoi venticinque anni: nelle sue rughe precoci si leggeva la sofferenza di una vita "sfigata". Una famiglia disastrata e un divorzio alle spalle. Miseria e solitudine. Forse era questo il fascino che esercitava su di me: il fascino della sventura. Ma dietro quell'apparenza di fragile consunzione, Giulia era forte, molto più forte di me: controllava la mia vita e ne muoveva sapientemente i fili.

Io ero stufo della mia vita agiata che si trascinava pi-

gramente nell'atmosfera sonnolenta della nostra piccola città. Trovavo tutto così provinciale... Le cose più eccitanti che potevano accadere a me e ai miei amici erano gli spinelli fumati verso sera ai giardini o i furtarelli di oggetti insignificanti alla Standa. Giusto per vincere la noia e provare a farla franca. Ma era troppo facile farla franca; dopo un po', più niente risultava divertente.

Forse è stato il bisogno di nuove emozioni o la curiosità riguardo a una realtà che mi era quasi del tutto estranea a spingermi, una sera, ad accettare il passaggio sulla vecchia Panda scalcinata di Giulia. La serata al pub era stata noiosa come sempre: le birre scolate per abitudine, le chiacchiere scontate. Poi è arrivata lei a cercare suo fratello, per riprendersi la macchina che gli aveva prestato e si è seduta al nostro tavolo a bere una birra. Il fastidio di Giacomo era evidente: cosa ci faceva sua sorella, molto più grande di noi, in mezzo ai suoi amici? Lei indugiava, incurante dei ripetuti inviti di Giacomo a tornarsene a casa.

Io le stavo seduto di fronte, lei mi guardava con una sfrontatezza ostentata, quasi a voler esibire la sua maggiore esperienza e la sua disinvoltura nel rapporto con i maschi. Ne sono rimasto in qualche modo affascinato. Fisicamente non mi piaceva, ma la forza del suo sguardo e il piglio sicuro che traspariva dalla sua figura esile e allampanata hanno immediatamente acceso il mio interesse. L'ho trovata subito così diversa dalle ragazze del nostro giro, insipide e acerbe. A quell'epoca le ragazze mi sembravano tutte uguali: stupide e insignificanti, senza nessuna esperienza della vita. Non che noi ragazzi fossimo diversi, ma, allora, nel nostro accanito maschilismo di provincia, credevamo di sì. Non avevamo ideali, progetti o aspirazioni: ci trascinavamo pigramente tra la scuola e il bar o i giardini. Eravamo motorizzati, ma consumavamo la benzina girando a vuoto, senza una meta e senza allontanarci dalla nostra cittadina che, pure, dicevamo di odiare. Adesso mi sembra che niente di quello che facevo a diciassette anni avesse un senso. Fino a che non ho incontrato Giulia.

I discorsi di Giulia erano molto diversi dai nostri discorsi di ragazzi. I suoi argomenti mi apparivano affascinanti: erano argomenti da adulti e riguardavano la vita vera, quella che io non avevo mai conosciuto. Il lavoro, la fatica, la miseria, l'amore erano realtà completamente estranee al mio mondo familiare, quel mondo ovattato nel quale fino a quel momento mi avevate fatto crescere. Ero proprio cresciuto da figlio unico viziato, senza difficoltà tangibili né preoccupazioni economiche. Tutto quello che mi veniva richiesto era di non farmi bocciare a scuola, ma era veramente difficile farsi bocciare in quella scuola: bastava stare un po' attento alle lezioni, farsi interrogare di tanto in tanto, rendersi simpatico ai professori che eri già un genio.

La sera in cui ho conosciuto Giulia sono rientrato alle tre di notte; la mamma era già in preda alle convulsioni. Mi ha visto scendere dalla macchina di Giulia e mi ha subito fatto il terzo grado. Non ha impiegato molto a realizzare chi fosse la ragazza: la fama di Giulia aveva già raggiunto tutte le famiglie benpensanti del nostro ambiente di privilegiati che si nutriva di pregiudizi e pettegolezzi ai danni dei nostri concittadini "sfigati".

Quella notte, per la prima volta, tu e la mamma mi avete trattato duramente e avete minacciato gravi sanzioni. Forse, se non fosse stato per la vostra inconsueta reazione, la trasgressione mi sarebbe sembrata meno allettante, ma il guanto della sfida era stato gettato e io l'ho raccolto. Che cosa c'era di meglio per movimentare un po' una vita spenta e agitare le emozioni assopite?

Ho cominciato a vedere Giulia regolarmente. Terminati i suoi turni di operaia, lei era una donna libera, senza famiglia e senza obbligo alcuno: non doveva rendere conto della sua vita agli altri. La sua condizione mi sembrava fortemente invidiabile e mi rendeva insofferente ai miei vincoli e ai vostri divieti, che, oltretutto, erano una realtà piuttosto nuova per me. Fino a quel momento qualche regola me l'avevate imposta, ma senza esercitare un rigido controllo sulla mia vita. Le mie trasgressioni erano sempre state rapidamente smaltite e le nostre controversie facilmente appianate. Ma, quella volta, c'era in gioco la reputazione di tutta la famiglia e, a sentir voi, la mia personale rovina. Il figlio dell'avvocato Corelli non poteva permettersi lo scandalo di frequentare una donna molto più grande d'età, divorziata e, per giunta, di bassa estrazione sociale. Credevo che fossero queste le ragioni, le uniche, per le quali mi veniva proibito di coltivare quella relazione e mi ribellavo strenuamente alla repressione. Era diventata una crociata: abbattere i pregiudizi della classe sociale bacchettona cui appartenevo per nascita. Che cosa c'entrasse l'amore con tutto questo sono in grado di domandarmelo solo adesso che ho aperto gli occhi e ho capito il senso del vostro divieto. Mi ci sono voluti sette anni per vedere con chiarezza, anche se la storia con Giulia è durata solo quattordici mesi. È stato necessario trasferirmi a Venezia per frequentare l'università, innamorarmi di Marina e fare progetti di lavoro e di vita con lei per accorgermi che, se non ti avessi, alla fine, dato retta e troncato il rapporto con Giulia, non avrei mai conosciuto l'appagante esperienza che sto vivendo: costruirmi un futuro che si preannuncia ricco di promesse.

Adesso so che avevi ragione, papà; so che era questo che tu avevi in mente per me. Certo, anche tu di pregiudizi ne avevi, ma il tuo no a Giulia era frutto anche di altre preoccupazioni. Giulia mi avrebbe distolto dagli studi e da una professione che mi affascina. Lei era istintivamente diffidente nei confronti di ogni interesse che esulasse dal suo mondo ristretto, anche se allora mi sembrava così stimolante, fatto di un lavoro non qualificato, di un bilancio da far quadrare, di un uomo da cui dipendere e da manipolare (ho scoperto, per fortuna non troppo tardi, che le due cose vanno insieme).

Giulia parlava con astio e, probabilmente, con invidia, dell'agiatezza della nostra famiglia. Diceva che, se vi avessi dato ascolto, non avrei mai conosciuto la vita. Era convinta che voi la odiaste perché proveniva da una famiglia troppo modesta. Io guardavo la realtà attraverso i suoi occhi e cresceva la mia ostilità nei vostri confronti. La vostra proibizione di vederla, la sottrazione del motorino e della "paghetta" settimanale sortivano soltanto l'effetto di alzare il tiro delle mie trasgressioni. Giulia mi cingeva d'assedio, rinforzando le mie proteste e promettendo che mi avrebbe mantenuto lei fino alla fine della scuola superiore. Poi mi avrebbe trovato lavoro come operaio nella sua ditta. Uno scenario ben diverso da quello attuale, ma, per qual-

che mese, forse i primi sei o sette, mi sembrava che valesse la pena perseguirlo. I mesi più difficili sono stati gli ultimi quattro, quando ormai mi stavo rendendo conto che resistevo per partito preso e non sapevo come fare a sottrarmi al potere di Giulia. Ormai mi avevi convinto papà: i tuoi argomenti avevano scavato un solco che non si sarebbe più potuto colmare.

Per tutti i mesi in cui sono stato con Giulia la mamma ha pianto e mi ha accusato di distruggere la famiglia. Tu, invece, hai sempre cercato di farmi ragionare attraverso un dialogo serrato che inizialmente respingevo con rabbia. Poco per volta però mi sono lasciato coinvolgere, a mano a mano che mi rendevo conto di essermi invischiato in una storia più grande di me, della quale avevo perso il controllo. Ero in balia di Giulia, anche perché, tu certo l'hai indovinato, è stata la prima donna con cui ho fatto l'amore. Lei, donna navigata, mi ha iniziato al sesso, quello vero, che non aveva nulla a che vedere con i primi goffi tentativi di approccio alle ragazze della mia età. A me è parsa straordinariamente esperta e, proprio per questo, molto desiderabile, anche se non era una bellezza. Aveva un modo speciale di farmi sentire virile e potente, il modo che conoscono le donne che vendono amore in cambio di soldi.

Questo era proprio uno degli argomenti preferiti della mamma: Giulia mirava ai miei soldi. Tu, a differenza della mamma, hai utilizzato altre strategie, evidentemente più fruttuose. Passati i primi tempi, hai cominciato a evitare accuratamente di parlare male di Giulia, anche se la tua opinione su di lei non era certamente cambiata. Mi parlavi, invece, del mio futuro accanto a lei e del giorno in cui mi sarei accorto che non avevamo in comune proprio niente, all'infuori dell'illusione di amarci. Dicevi che, passata l'infatuazione iniziale, avrei rimpianto le occasioni di studio e di lavoro buttate al vento, i filarini con le ragazze della mia età, la voglia di divertirmi. Nessuno mi avrebbe ridato indietro la mia adolescenza troncata per una storia sbagliata, per una ripicca nei vostri confronti, della quale, checché ne dicesse mia madre, sarei stato io la vera vittima.

Ho sempre colto nelle tue parole, devo riconoscerlo, un

sincero accento di preoccupazione per la mia sorte e un'accorata richiesta di dialogo del tutto assenti nei discorsi della mamma. Lei inveiva soltanto e si stracciava le vesti per la vergogna che, a suo dire, procuravo alla nostra famiglia.

La sera in cui ho deciso di troncare definitivamente con Giulia che, da un po' di tempo, fiutando il pericolo, si era fatta sempre più avvolgente, sono venuto a cercarti perché sentivo di aver bisogno di una spalla. Tu non hai detto niente, ma mi hai stretto forte tra le braccia, per incoraggiarmi. Io stavo per chiederti di accompagnarmi con la macchina, ma mi sono trattenuto. Tu non l'hai proposto: per la prima volta nella vita, mi hai trattato come un adulto. Sapevo che era giusto così, che dovevo affrontare e risolvere da solo quell'imbroglio in cui mi ero cacciato. Quando sono tornato a casa, mi sono chiuso in camera mia e la tensione ha potuto finalmente sciogliersi in un pianto liberatorio. Non abbiamo mai parlato di come me la sono cavata quella sera con Giulia. Il suo nome non è più stato proferito in casa, come se lei non fosse mai esistita.

Nonostante il sollievo provato alla chiusura della nostra storia, per qualche tempo ho continuato a portarvi rancore; anche a te, papà, sebbene non ti avessi mai sentito ostile come la mamma. Era difficile ammettere che avevi ragione tu, che mi ero sbagliato. Era una questione di orgoglio. Ma quando mi sono trasferito a Venezia e ho cominciato a frequentare Architettura, la lontananza da casa mi ha portato una consapevolezza nuova. Quando poi mi sono innamorato di Marina, mi si sono aperti nuovi orizzonti. Solo allora mi sono veramente reso conto di quello che avrei perso se non ti avessi dato retta e avessi bruciato la mia vita o, quanto meno, se avessi sprecato tempo. Giulia avrebbe potuto tenermi prigioniero per qualche anno, forse ancora per molti... Alla fine mi sarei comunque ritrovato ammaccato e deluso a dover rimettere insieme i cocci della mia esistenza sconvolta per un capriccio, il capriccio un po' bizzarro di un adolescente che pretende di amare una donna adulta ma, non per questo, più saggia.

E così, ti devo ringraziare papà, perché non mi hai permesso di fare di testa mia. E nonostante tutto, hai continuato a fidarti di me: mi hai lasciato andare per la mia strada, convincendo la mamma riguardo al trasferimento a Venezia. E, adesso che sono al termine delle mie fatiche di studente, hai accettato la mia decisione di restare a vivere e a lavorare in questa città dove mi sono ormai meravigliosamente ambientato. Sono certo che riuscirai a vincere le prevedibili resistenze materne.

Tu non mi hai mai rinfacciato il mio errore e hai vigilato, nei limiti del possibile, perché non lo facesse neppure la mamma. Credo che lei si sia morsicata la lingua più di una volta per non cedere alla tentazione di farmi sentire un ragazzino sprovveduto, ancora bisognoso dello scudo protettivo dei genitori.

Vedo ormai le luci di Mestre in lontananza, il mio viaggio di ritorno a Venezia volge al termine insieme alla mia lettera per te. L'ho meditata per tutto il week-end trascorso in famiglia: mi sembrava di non riuscire a trovare le parole per esprimerti a voce la mia riconoscenza. Ma appena il treno è partito, quelle parole, faticosamente cercate per due giorni, si sono materializzate di getto per riempire cinque pagine del mio blocco di appunti di Statica. Una lettera lunga un viaggio da casa a Venezia. Non la ricopierò neppure e te la spedirò domani mattina andando in facoltà. Spero solo che arrivi prima di me, prima della mia prossima visita a casa. Non aspetto risposta, papà; non è necessaria una replica. Preferisco che continuiamo a glissare su questa storia come abbiamo fatto finora. Ormai non rimane più nulla in sospeso. L'argomento è chiuso per sempre.

Ecco un padre che ha saputo svolgere il suo compito di salvaguardia del figlio e di contenimento di quel naturale e polemico bisogno di contrapposizione al sistema di valori proposto dalla famiglia.

Il rispetto dell'autonomia dei figli non implica certo l'accettazione passiva della loro ribellione e l'astensione da interventi correttivi. Talvolta, vale la pena ribadirlo, questo astensionismo maschera una difficoltà personale a vivere un coinvolgimento affettivo profondo. Molti figli, da adulti, dichiarano di essersi sentiti abbandonati, in balia della loro immaturità e del disorientamento che soltanto la guida ferma di genitori consapevoli del loro ruolo avrebbe potuto scongiurare.

Per i genitori, dunque, è d'obbligo un atteggiamento di vigilanza rispetto non solo alle proprie reazioni emotive, ma anche ai propri meccanismi di difesa messi in atto per sfuggire all'impegno della relazione con i figli. L'assenza di intenzionalità riguardo agli errori e alle inadempienze dei genitori può essere, come già abbiamo avuto modo di sottolineare più volte, un'attenuante che, tuttavia, non risparmia ai figli sofferenza e fatica nel difficile compito di diventare adulti.

Conclusioni

Se ritorno con il pensiero alle mille occasioni in cui mi sono trovata a condividere e a cercare di risolvere le difficoltà dei bambini e degli adolescenti che ho incontrato nel corso della mia pratica professionale, emozioni e pensieri contrastanti si agitano nella mia mente e nel mio cuore. Da un lato, la consapevolezza riguardo alla gravità e alla diffusione delle situazioni problematiche mi rende incline alla sfiducia e allo sconforto. Dall'altro, il ripetuto riscontro positivo delle risorse degli individui, che si esprimono attraverso il coraggio, l'intraprendenza e la capacità di recupero (vale a dire un insopprimibile istinto vitale), mi rinfranca e riaccende la mia speranza.

Anch'io, come tanti altri genitori e nonni, in questi tempi di laceranti conflitti e terribili minacce di distruzione che incombono su di noi e sul nostro pianeta malato, tento spesso di prefigurarmi il destino che attende i nostri figli e nipoti. Mi domando come sarà il loro futuro con una punta di inquietudine e sgomento, ma, dopo tutto, senza angoscia eccessiva. Sono convinta che ogni generazione abbia in sé un corredo di potenzialità che consente di attivare le risorse opportune, inventando o scoprendo strategie efficaci per affrontare le avversità e i problemi da cui il genere umano è afflitto. In tal senso, il passato, con le sue vicissitudini e le sue conquiste, è un valido testimone.

Dunque, credo che possiamo mantenerci ragionevolmente ottimisti riguardo al futuro, purché non trascuriamo di preparare i giovani all'acquisizione di un radicato senso morale e di una matura solidità psicologica. Individui equilibrati, sensibili e solidali sapranno raccogliere e conservare responsabilmente il patrimonio comune della storia dell'umanità che incessantemente si tramanda da una generazione all'altra.

E così si ritorna al punto di partenza: occorrono buoni maestri, valide guide che sappiano indicare un percorso appropriato che conduca alla meta. Gli adulti sono tutti chiamati in causa in questa impresa che è di tutela del bene comune. I genitori, in modo speciale.

In questa mia rassegna di casi rappresentativi degli argomenti affrontati nel testo, ho voluto intenzionalmente privilegiare esempi di padri competenti per più di una ragione. Intanto, per sfatare il pregiudizio che le madri educhino meglio dei padri. È vero: più spesso, in famiglia, sono le donne a farsi carico del compito educativo, per una preconcetta e obsoleta suddivisione di funzioni e ruoli che appartiene alla nostra tradizione socioculturale. Tuttavia, quando i padri si mettono d'impegno, rivelano, non meno delle madri, notevoli doti di sensibilità e saggezza.

Mi sono sbilanciata di proposito a favore dei padri anche per un'altra ragione, strettamente connessa alla precedente: per incoraggiare lo spirito di iniziativa e una maggiore assunzione di responsabilità da parte dei padri. Vorrei che il loro contributo più attivo abbattesse finalmente il pregiudizio riguardo alla supremazia materna nell'opera educativa. Molti padri, attualmente, sono ancora troppo latitanti, ma non si tratta più di una maggioranza così schiacciante. Dunque, mi auguro che non sia troppo presuntuoso da parte mia sperare che gli esempi di padri competenti illustrati nel libro possano accendere in qualche lettore un barlume di consapevolezza e alimentare quanto meno il desiderio di "provarci".

I padri del passato avevano probabilmente un compito più facile. Un compito essenzialmente di tipo normativo. L'affettività era delegata alle madri. Oggi anche ai padri viene richiesto di essere affettuosi, sensibili, permeabili alle emozioni. Pertanto, bisogna saper coniugare il mondo delle regole con quello dei sentimenti. E le due cose sono solo apparentemente incompatibili, perché la trasmissione degli affetti passa efficacemente anche attraverso la proposta di interventi normativi.

Più in generale, comunque, i padri e le madri del passato erano, da un certo punto di vista, avvantaggiati. Costituivano, potremmo dire, una categoria più protetta, nel senso che erano meno “controllati”, meno esposti al giudizio e alle critiche di osservatori esterni, meno suscettibili alle pressioni sociali. Il loro ruolo era maggiormente riconosciuto: autorità e potere erano difficilmente messi in discussione. I genitori delle passate generazioni si sentivano più adeguati, più simili e solidali tra loro, più conformi a un modello istituzionale previsto. Con tali premesse, i figli erano, o apparivano, mediamente più docili e rispettosi.

In ogni caso, non erano in circolazione tanti “esperti”, a sindacare sui comportamenti, sulle iniziative e sulle carenze dei genitori. Dalle pagine dei giornali, dalle trasmissioni radiofoniche, dai talk show televisivi: un'orgia di analisi, pareri, consigli e requisitorie. È anche comprensibile che i genitori possano sentirsi intimiditi, confusi o semplicemente infastiditi. Con il rischio di smarrire la spontaneità e di perdere fiducia nel proprio istinto e nei propri mezzi.

I genitori si trovano così catapultati alla ribalta: sgradevolmente osservati e giudicati. Oltre che esposti alla vivisezione degli esperti, si sentono nel mirino dei propri figli che si arrogano il diritto di biasimarli e talvolta, addirittura, di “ammutinarsi”. O degli altri genitori: quelli che si considerano più competenti e si compiacciono di impartire lezioni di stile educativo corretto.

Oggi il modello del genitore ideale è più sfumato: non esistono rassicuranti prescrizioni di tratti e comportamenti stereotipati. Dalle analisi degli esperti, dalle riflessioni comuni e dai dibattiti a tema, emergono senza dubbio indicazioni utili, ma, in fondo, viene lasciato un ampio margine di prelazione e creatività all'intraprendenza dei genitori. Molti si disorientano: preferirebbero seguire direttive precise piuttosto che avventurarsi nell'ambito della libera iniziativa. Altri, invece, accettano la sfida e, seguendo il loro intuito e i loro principi, si cimentano nell'impegnativo compito di fare, dei loro figli, degli adulti autonomi e responsabili.

Quasi tutti i genitori, accingendosi a svolgere il loro compito formativo, incappano nella tentazione di riferirsi al modo in cui essi stessi sono stati allevati da bambini, per ricavarne utili parametri indicatori, magari rigorosamente antitetici.

Un discreto numero di padri e madri si riscoprono estimatori del metodo educativo dei loro genitori, scordando i propri trascorsi giovanili, le tensioni e i contrasti che possono aver caratterizzato la loro personale esperienza di figli. Altri adulti, invece, forse più numerosi, si ingegnano a fare l'esatto contrario rispetto ai loro genitori. Talvolta, più per una reazione polemica che per convinzione. Ma spesso, perché ancora memori delle difficoltà incontrate e delle sofferenze patite negli anni della crescita, che intendono, perciò, risparmiare ai loro figli.

Ovviamente, come sempre, è questione di equilibrio e misura: l'approccio corretto sta nel mezzo. La memoria del proprio passato è un buon indicatore, ma non deve determinare univocamente le scelte e i comportamenti degli individui. L'esperienza personale può orientare, ma non è possibile trascurare semplicisticamente i fattori di contesto e di cambiamento. Ogni storia risulta singolare: è indispensabile rispettarne le peculiarità e i tratti originali.

Se, da adulti, la polemica nei confronti dei propri genitori è troppo accesa, significa che i conti sono ancora aperti e la dipendenza emotiva non è stata risolta. Difficile, in tali frangenti, comportarsi da genitori equilibrati. Il rischio è di risultare condizionati dall'antico bisogno giovanile di contrapporsi "a prescindere", per affermare un'autonomia di scelta e di giudizio più apparente che sostanziale. In realtà, quando si è ancora troppo concentrati sul proprio dissidio generazionale e sui propri conflitti interiori, può venire a mancare una valutazione attenta e spassionata dei fattori, personali e di contesto, che attengono alla condizione peculiare dei propri figli.

È essenziale maturare le proprie convinzioni e i propri sistemi educativi non perdendo di vista l'esame della realtà attuale e il valore delle differenze. Quella dei nostri figli è, in ogni caso, un'altra storia. Può avere poco o nulla a che vedere con la nostra personale esperienza passata.

Il disorientamento che molti genitori sperimentano e manifestano, quando si accingono a fare questo sforzo creativo di salvaguardia dell'identità dei propri figli, non può che suscitare una reazione empatica di comprensione e solidarietà. Soprattutto in presenza di adolescenti, per loro natura ermetici e inquieti.

In effetti, mentre mi capita di registrare un numero considerevole, e sempre crescente, di genitori capaci di partecipare alla vita dei propri figli negli anni dell'infanzia, condividendo tempo, svaghi e passioni sportive, colgo evidenti difficoltà relazionali non appena le avvisaglie dell'adolescenza si profilano minacciosamente alla soglia della fascia d'età più scabrosa: quella che fa tremare il cuore degli adulti e spesso vanifica anche le loro migliori intenzioni. Pertanto sono i genitori degli adolescenti che si rivolgono più frequentemente allo specialista per una consulenza.

Tuttavia, io sono dell'opinione che la prevenzione rimanga l'antidoto migliore. Occorre non trascurare la formazione degli adulti al ruolo genitoriale nel corso dei primi anni di vita dei loro figli, per creare premesse favorevoli a un equilibrato sviluppo psicoaffettivo degli individui in crescita. Difficilmente (anche se nulla è da escludere, ovviamente...) bambini che hanno potuto godere della presenza amorevole dei genitori e della loro guida ferma e protettiva diventeranno adolescenti aggressivi e disadattati. Oppure, apatici e depressi.

I fattori di contesto extrafamiliare possono essere rilevanti, ma mai determinanti. La relazione con i genitori rimane la matrice evolutiva dell'affettività per eccellenza. È nella scarsa, o del tutto inesistente, validità dei rapporti primari che hanno radici profonde le manifestazioni del disagio giovanile: devianze e comportamenti antisociali, sindromi depressive e difficoltà relazionali; per non parlare delle diverse patologie da dipendenza (da sostanze, alcol, cibo e gioco...), che pure si nutrono di stimoli di emulazione e suggestione, e pertanto sono considerevolmente influenzate dai modelli socioculturali.

Anche gli adolescenti, per quanto facciano mostra di indisponibilità e di ribellione, si aspettano di essere educati: i genitori non se ne dimentichino. Si aspettano di essere guidati, sorvegliati, ripresi e, se occorre, puniti. Ho ascoltato troppe volte i rimproveri di figli cresciuti riguardo alla latitanza dei propri genitori: "Perché non mi hai fermato in tempo?"; "Perché non me l'hai impedito?". E ancora: "A mio figlio non lo permetterei"; "Al tuo posto avrei cercato di proteggere mio figlio dalla sua rabbia e dalla sua inesperienza giovanile".

Meglio non avere simili rimpianti, dolorosamente risvegliati e alimentati dal biasimo e dai commenti critici dei propri figli. Meglio avere la consapevolezza di essersi battuti con ogni mezzo per una causa essenziale, avendo garantito sempre la propria presenza sul campo, senza essersi arresi alla difficoltà del compito e all'inevitabile scoraggiamento che subentra ai momentanei insuccessi. I figli, quanto meno in cuor loro, ringrazieranno.

Ringraziamenti

Al termine della stesura del libro sento di dover esprimere particolare riconoscenza al mio editor Raf Scelsi, per avermi accompagnato nella realizzazione di un progetto che andava prendendo forma nel tempo, via via che raccoglievo materiale, non solo clinico, emergente da incontri e colloqui con adolescenti e giovani adulti.

Lo ringrazio per il suo amichevole incoraggiamento, per il suo prezioso contributo critico alle mie riflessioni e per avermi messo a disposizione la sua esperienza maturata a contatto con il mondo degli adolescenti.

Ringrazio, inoltre, di cuore tutti i protagonisti delle storie del libro che mi hanno autorizzato a redigere, seppure nel più rigoroso anonimato, le loro sofferte testimonianze di vita, in modo da illustrare più efficacemente gli argomenti trattati.

Indice

Stampa Grafica Sipiel
Milano, maggio 2005

GE 0034851445
X 00000120
FIGLI PER SEMPRE
CASTOLDI
1° EDIZIONE
MAGGIO 2005
FELTRINELLI
EDITORE